SUR UNE IDÉE ÉDITORIALE

de Laurie et Jean Laforgue

LES COUVERTS DE D'ARTAGNAN

PROLOGUE

Jean-François Abert

STYLISME

Danièle Schnapp

PHOTOGRAPHIES

Jean-Pierre Dieterlen

DIRECTION ARTISTIQUE

Corinne Pauvert

ÉDITIONS DE LA PRESQU'ÎLE

D'Artagnan par temps couvert

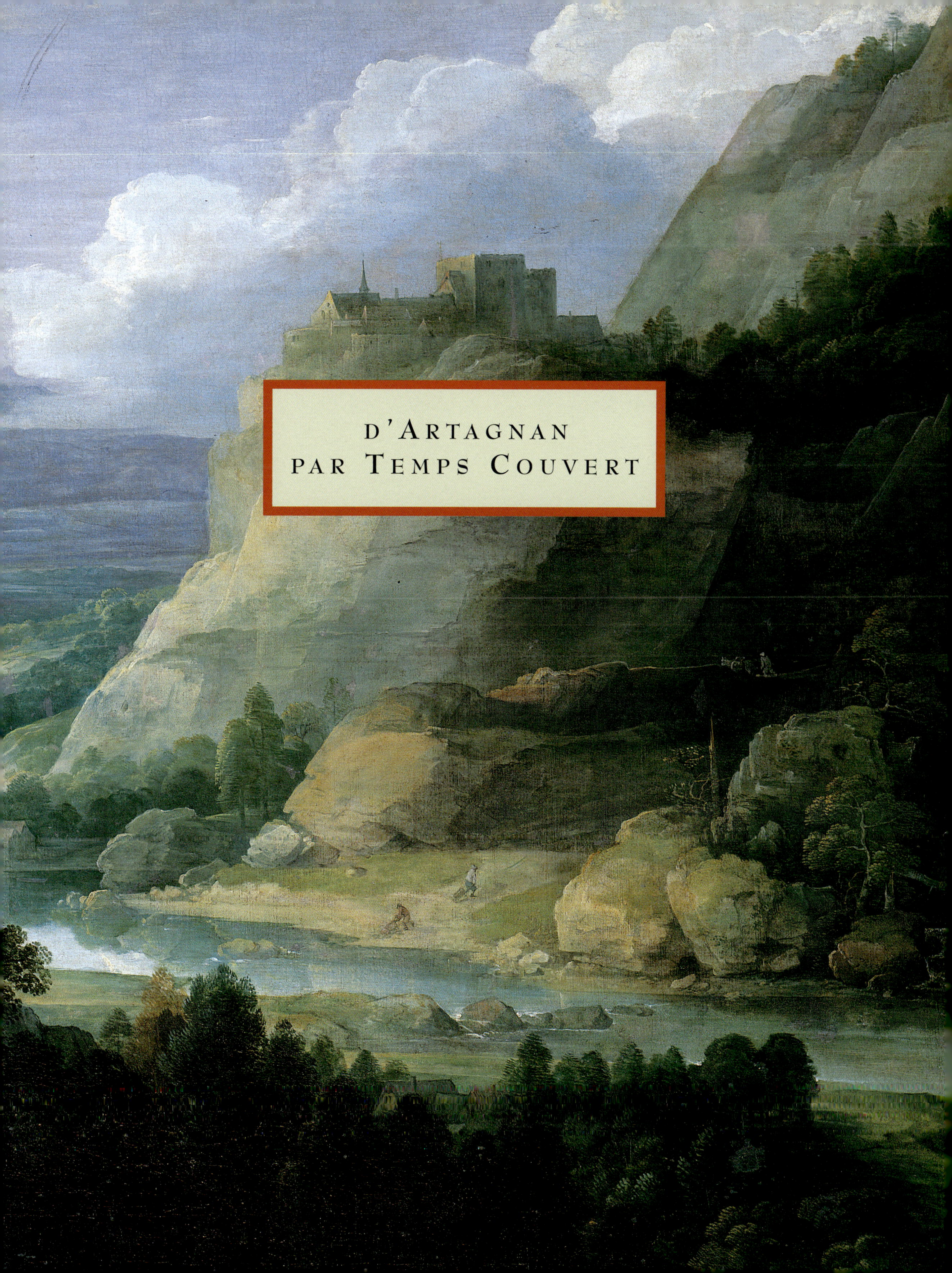

par
Jean-François
Abert

Il pleut. D'Artagnan a ôté son feutre et n'a pas mis son manteau ; il trouve plaisir à laisser ruisseler l'eau sur son front brûlant et sur son corps agité de frissons fiévreux. Le mousquetaire brave le froid dont il subodore qu'il est né dans la perfide Albion et qu'il appartient à la même famille que Milady et Mordaunt. Il fait un temps glacial, le temps de puritain dont son ami Cyrano de Bergerac dit qu'il est à « se tâter sans se sentir ». Or, justement voici que survient Cyrano, le feutre aussi aplati qu'une abaisse de pâte chez l'illustre Ragueneau, le panache en pattemouille comme après une nuit passée à célébrer le vin d'Anjou avec Porthos et Mousqueton.

On voit Cyrano ôter le faux nez qui le désigne à la postérité au mépris de l'appendice natal. Autant en emporte la fiction : le robuste organe qu'Abel et Espérance de Cyrano avait laissé en héritage à leur fils ne prétendait guère au lyrisme. Raison pour laquelle en ce moment même, et sans égard pour Coquelin, Sorano ou Depardieu, Cyrano jette à terre le postiche et le piétine…

– C'est à mon tour, d'Artagnan, d'exprimer ma joie en trépignant…

– Mordious, mon cher Cyrano, vous n'êtes pas le seul à être crédité d'une « trompe de tapir ». Dumas me bricole un nez crochu comme si j'avais été un Mazarin penché sur les diamants d'Anne d'Autriche…

– Crochu mais finement dessiné, il l'écrit dès la deuxième page des *Trois Mousquetaires*. Vous conviendrez que la finesse du dessin ne peut concerner les bavochures honteuses de l'amoureux qui renonce à sa Roxane à cause de l'air du blair et de lui seul. Un taré du tarin, un nase du blase, voilà comment il me chatouille les narines, Rostand…

D'Artagnan essaie de tempérer son vieil ami :

– Mais c'est vous, mon cher Cyrano, et nullement Rostand, qui faites dire aux habitants de la lune « un grand nez est à la porte de chez nous une enseigne qui dit : "Céans loge un homme spirituel, prudent, courtois, affable, généreux et libéral." Vous leur faites ajouter qu'un petit nez est le bouchon des vices opposés. »

Cyrano se contente de grommeler et d'Artagnan poursuit impavide :

– Je comprends votre humeur maussade si vous faites allusion à notre rencontre à l'*Hôtel de Bourgogne*. Votre Rostand nous fait croiser sur la scène d'un théâtre ; or, je ne les fréquentais jamais. J'étais censé vous féliciter et vous, comme remerciement, mettiez quelque hasard à notre rencontre… J'ose croire que nous méritions mieux…

Le silence devient mélancolique, donc passablement élégant. Les grands figures de la littérature éprouvent parfois la rude impression de ne plus être à la page. La pluie en profite pour redoubler. Cyrano n'y prend garde. Il continue à fulminer contre l'auteur d'une Princesse lointaine qui n'était pas encore Roxane. Ce Rostand-là se fit une gloire à mes dépens. Savez-vous que les folliculaires, les polygraphes en mal de copie signalaient ses déplacements comme s'il eût réussi autre chose qu'à entrer à l'Académie française ou à prendre ses vacances à Hendaye ?…

Certes, mon cher d'Artagnan, nous vécûmes ensemble de pires outrages par la suite : un cinéaste nommé Abel Rance, ou un nom approchant, nous a réunis dans un film qui était à l'imagination ce que le pauvre Scarron fut à la parodie. Nous étions censés conter fleurette à Ninon de l'Enclos et Marion de l'Orme. Cela nous menait au lit, à un étrange patrouillis sous masques avec les perruches en question. Ah mais, voyant cela, d'Artagnan, vous eussiez fait tonner votre foudre…

Le mousquetaire ne répond pas. Depuis qu'Aramis s'est converti à la psychanalyse avec le jésuite Denis Vasse, d'Artagnan se demande s'il ne fait pas partie de la confrérie giboyeuse des « annulés du ressenti ». Après tout, avoir besogné Milady sous une fausse identité dans le temps où l'on croyait être épris de la délicieuse Constance Bonacieux et où l'on pouvait légitimement craindre pour sa vie, cela vous cingle autant que le rire de l'homme de Meung. Il arrive ainsi que le retour du refoulé fasse une lame plus fine que celles autrefois fourbies par le Cardinal. Et puis, il arrive à d'Artagnan de méditer une notation de Dumas dans *Vingt ans après* : « Tant que ses amis l'avaient entouré, d'Artagnan était resté dans sa jeunesse et sa poésie ; c'était une de ces natures fines et ingénieuses qui s'assimilent facilement les qualités des autres. Athos lui donnait de sa grandeur, Porthos de sa verve, Aramis de son élégance. »

Et, comme se parlant à lui-même :

– Pour Dumas, il ne me restait guère que l'amitié. J'étais souvent masqué, mon cher Cyrano, non par le nez mais par les talents des autres. Souvenez-vous, vous qui fûtes un temps du côté du Mazarini, Dumas fait de moi un soldat bien trop complaisant pour les grades que je ne cherchais pas…

– Pour mon seul compte, d'Artagnan, j'ai vécu mille fois plus infâme. On inventa un nouveau Cyrano comme si l'ancien ne suffisait plus à l'épopée. Pour le coup, je tombais dans un prosaïsme bien plus odieux que les vers de mirliton du Rostand. À tout prendre, je préférais encore que Coquelin m'interprétât avec sa berdouille avantageuse, son ventre qui avait atteint son point de majesté. Écoutez, d'Artagnan, cette scélé-

ratesse. Un monsieur, qui n'est plus très jeune, se trouve fatigué d'écrire pour le compte d'un obscur sigisbée les lettres d'amour dont ce dernier – croit-il – tire avantage en les soufflant dans le corsage de la belle. Il se poste devant les tourtereaux et leur explique qu'il souhaiterait ne plus être l'éternel zappé des appas puisque enfin, c'est lui, et nul, autre, l'auteur des lettres. La nouvelle Roxane lui pouffe au nez qu'il a niais, forcément : « Mais, mon pauvre ami, je m'en contrefiche. Ces lettres, jamais je ne les lis. » Connaissez-vous plus désolant que cette histoire qui me brouille avec ma légende ? Un certain Tristan Bernard, qui n'a jamais rien compris aux cadets de Gascogne, a écrit ce fatras de sottises. Voilà une deuxième poutre à me tomber sur la tête. Vous, d'Artagnan, avez eu plus de chance avec la postérité. Non seulement *vingt ans* mais deux siècles après, Roger Nimier vous voit amoureux à Saint-Tropez. Kléber Haedens vous met sur un terrain de rugby. Vous voilà du « parti du grand air » comme disait votre ami Rochefort à Mazarin. Le nez dont on m'affuble m'interdit, à moi, les mêlées...

– Oui, je sais cela, c'est le côté « grand cœur, bon bras, franche épée » qui plaisait tant à ceux qu'on a appelés les hussards faute de les appeler des mousquetaires. Mais, franchement, vous ne trouvez pas cela un peu court, Cyrano ? N'aurais-je pas dû, comme vous et M. Poquelin, suivre l'enseignement de Gassendi ? J'ai la sensation de n'avoir pas été beaucoup plus que « le renard qui sait croquer les poules, dépister les chasseurs et retrouver son chemin le jour comme la nuit ». J'ai expliqué cela un jour à Athos dont les silences étaient autrement habités que mon babil.

La pluie tombe toujours. La nuit tombe enfin. D'Artagnan et Cyrano semblent en prendre conscience. On dit, mais nul ne les a suivis, que les deux héros ont marché jusqu'au port. Un bateau du nom de l'*Éclair*, sous le commandement d'un certain Groslow, appareillait un peu plus tard pour La Rochelle avec une forte cargaison de Porto.

Quand l'arrière-arrière-arrière-petit-fils de Milady s'en rendit compte, il laissa tomber son arme, devenue inutile. L'*Éclair*, foi de Retz, n'était déjà plus à portée de fronde.

LES COUVERTS DE D'ARTAGNAN

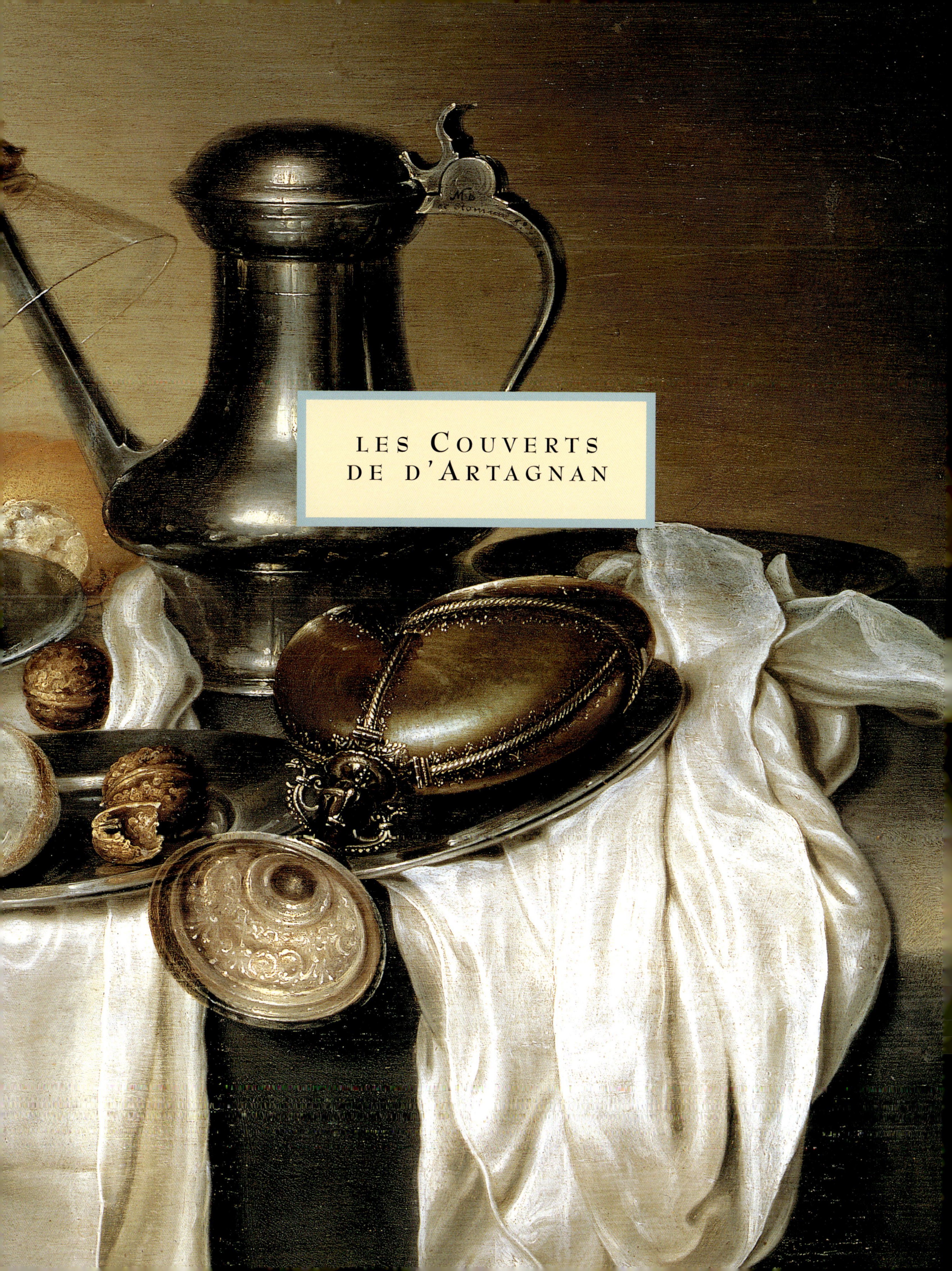

Les couverts de d'Artagnan, voilà un titre à faire sursauter tout fervent lecteur d'Alexandre Dumas. Des couverts ? Mais quels couverts, au fait ? Le prince des bretteurs aurait-il préféré la fourchette à la rapière ? Aurait-il détrôné Porthos à table ? Le bon Dumas se serait-il mélangé les héros ?

En bien, c'est un peu cela. Mais reconnaissons d'abord que, du véritable d'Artagnan, on ne sait rien, ou presque. Les archives ayant disparu, on ignore jusqu'à sa date de naissance, que l'on situe entre 1611 et 1620. Ce qui laisse de la marge ! Une seule chose est sûre : Charles de Batz vit le jour à Castelmore près de Lupiac, commune d'Aignan, paroisse de Saint-Germier-de-Meymès, arrondissement de Mirande, dans l'actuel département du Gers. Autrement dit au cœur de la Gascogne gasconnante, pays des fraîches arcades autour des places écrasées de soleil, pays des « couverts », comme on les appelle ici.

UN URBANISME ORIGINAL

Lupiac, civilisation moderne oblige, a aujourd'hui perdu de son cachet. Aussi vous faudra-t-il un zeste d'imagination pour recréer l'ambiance dans laquelle grandit le futur mousquetaire. Vous devrez d'abord reconstruire mentalement les remparts qui enserraient la bourgade de l'époque de son enfance. À l'abri de ces fortifications se serrent les habitations. Sans doute l'arrière-grand-père de d'Artagnan, marchand drapier, habitait-il dans une de ces maisons à piliers de bois donnant sur la place principale, qui ont traversé les siècles. Dès le petit matin, quand le veilleur de nuit lançait un ultime avertissement avant d'aller goûter un sommeil bien mérité, il tirait des tréteaux devant son échoppe, sortait les lourdes pièces de tissu et de velours, exposait la marchandise à la convoitise des chalands.

Mousquetaire à cheval
Imagerie Edimedia

Grâce aux « couverts », ces éléments d'architecture si typiques du Sud-Ouest, il n'avait à redouter ni la pluie orageuse, ni la chaleur meurtrière. Les couverts, encore nommés « cornières », ou « ambans », constituent un passage autour de la place centrale des villages gascons. Ils soutiennent le premier étage des demeures alentour par des arcades en briques ou des piliers de bois, servent d'auvent, et de lieu de réunion. Combien de conversations, de négociations et d'intrigues ne se sont-elles pas ébauchées sous ces galeries où l'on aime à s'attarder tandis que tombe le soir ?

Pages 12 et 13 : Le Pâté Truffé. Martin ou Maerten Boelema de Stomme (mort après 1664). Nantes, Musée des Beaux-Arts. Photo Giraudon.

Mais, replongeons-nous au temps de la jeunesse de d'Artagnan. Ce sont les odeurs qui frappent d'abord. La rigole, au milieu de la chaussée, sert d'égout et charrie épluchures et immondices, paille et fumier. Car chaque famille élève une bonne demi-douzaine d'animaux domestiques : poules, chèvre ou chat. Avec chaque bouffée de vent, arrivent tantôt les effluves de la rôtisserie au coin de la rue, tantôt les relents de la tannerie derrière le pâté d'immeubles, ou les remugles des abattoirs par-delà les venelles. Les bruits sont violents, à la limite de la cacophonie : aboiements des chiens, grognements des porcs, piaillements des volailles. Boniment des vendeurs aussi, annonces des crieurs publics. Et les rires avinés de la taverne qui répondent au tintement des cloches de Notre-Dame-de-la-Pitié, fondée en 1605 par Charles de Batz, sieur de La Plagne, oncle du futur mousquetaire.

C'est à cheval que le neveu, prénommé Charles lui aussi, vient visiter son parent et assister aux offices. Avant même d'avoir su marcher en effet, le futur mousquetaire a appris à monter. À cru. Comme ses pairs et compatriotes – les hobereaux de Gascogne –, il est un vrai centaure, capable de galoper des heures durant sans fatigue aucune.

Parcourons avec lui les pittoresques coteaux de la Ténarèze, émaillés de bourgades millénaires. C'est vers l'an mil que la province a commencé à prendre l'aspect qu'elle garde encore aujourd'hui. Échaudés par les raids barbares, paysans et artisans recherchent alors la protection armée des seigneurs ou la protection morale des autorités ecclésiastiques, la sacro-sainte sauvegarde de Dieu. Les nouveaux villages, dont Lupiac, édifiés au pied des châteaux forts, sont dits « castelnaux » ; ceux qui naissent à l'ombre des monastères et des abbayes, des « sauvetés ».

Les visées des souverains Plantagenêt sur la Guyenne et la guerre de Cent Ans vont modifier quelque peu le pays. À partir des années 1250, apparaissent les « bastides », sur les frontières des domaines britannique et français. Ces villes neuves, qui répondent à une volonté politique des souverains des deux bords jouissent de privilèges et de franchises importantes. Villes-marchés, destinées à favoriser échanges et commerce, les bastides sont dessinées selon un plan d'urbanisme strict. L'espace est divisé en lotissements réguliers, quadrillé par des rues qui se coupent à angle droit. Au centre de l'agglomération, la place centrale, où se dresse la halle. Autour, s'élèvent les grandes maisons des riches marchands et négociants, pourvues d'arcades, ou « couverts ».

Les couverts de Lupiac furent les premiers couverts du jeune Charles de Batz. Mais notre héros ne s'y attardera pas. Dès l'adolescence, il quitte sa province. Direction Paris, la gloire, et la fortune...

UN PORTRAIT TROMPEUR

Au XVIIe siècle, en effet, une seule perspective s'ouvrait aux cadets de Basse-Gascogne sans ressources : gagner leur vie à la pointe de leur épée. Un sort moins glorieux que ne le chantent romanciers et poètes. L'ascension de Charles de Batz-Castelmore, seigneur d'Artagnan, fut lente et hasardeuse. Attaché à Mazarin, agent secret du cardinal, il lui fallut attendre des décennies avant d'être promu capitaine des Grands mousquetaires de Louis XIV, puis gouverneur intérimaire de Lille. La vérité oblige à dire qu'il passa sans doute moins de temps à se couvrir de gloire, rapière au clair, sur les champs de bataille, qu'à négocier en d'obscures missions et à rédiger en phonétique – d'Artagnan était quasi illettré – de fastidieux rapports pour ses supérieurs hiérarchiques.

En revanche, le mousquetaire devait laisser le souvenir d'un amateur de très bonne chère. Le *Journal* d'Olivier d'Ormesson, comme les

Mémoires du militaire Quarré d'Aligny, ses contemporains, le campent brièvement, mais toujours à table. La gastronomie tint autant de place dans son existence que les hauts faits militaires. Anecdote révélatrice : si l'on ne possède pas l'acte de son baptême, les tabellions ont minutieusement décrit la cuisine de son manoir gascon de Castelmore. Ainsi, du reste, que celle de son dernier domicile parisien, rue du Bac.

La première est de bonne dimension, chauffée et éclairée par une vaste cheminée. Une paire de lourds landiers de fer soutient les bûches. Deux chenets plus étroits portent ces broches qui rôtissent les gibiers, les jours de fête. À la crémaillère pend un chaudron où mijote la soupe à longueur de journée. Une armoire fermée à clef recèle « quelques boîtes et pots à tenir confitures » en même temps que le linge de maison.

La cuisine parisienne, elle, semble plus exiguë. Un bahut, un coffre, une grande table en composent l'ameublement. La batterie, réduite à l'essentiel, s'accorde avec l'étain des assiettes, plats et hanaps. La servante dort dans l'office contigu, sur une couchette à bas piliers. Parions que le maître est exigeant et qu'elle a tout intérêt à se montrer bon cordon bleu…

Ces deux cuisines apparaissent comme des parenthèses ouvrant et fermant une vie décidément bien modeste. En fait, le mousquetaire ne serait jamais passé à la postérité s'il n'avait, lui aussi, connu son Maëstricht. Le 25 juin 1673, chargeant contre l'ennemi retranché dans la ville, il meurt au champ d'honneur, fauché par un boulet. Ironie de la mort, il n'était pas « de jour », comme on dit encore dans l'armée.

N'importe. À cette époque, le fait divers prend vite des dimensions historiques, et, tandis que Charles de Batz s'en va, d'Artagnan entre dans la légende. Moins de trente ans après cette accession chanceuse au podium de la renommée, le cadet de Gascogne inspire les apocryphes *Mémoires de Monsieur d'Artagnan, capitaine-lieutenant de la première compagnie des mousquetaires du roi*, de Gatien Courtilz de Sandras. Ce sera un triomphe. Mais dont l'auteur se serait bien passé : le livre saisi, il est aussitôt admis non pas à l'Académie mais à la Bastille !

Les censeurs du Roi-Soleil ont jugé trop subversif le personnage de ce d'Artagnan, présenté comme une sorte de révolutionnaire avant l'heure. L'empressement que mirent les Français à saisir l'aubaine d'un porte-drapeau à leur mécontentement prouva que les craintes étaient fondées. Cent cinquante ans plus tard, Alexandre Dumas, en parfait inconditionnel de la liberté, trouvera à son tour le Gascon bien séduisant. Mais oubliera au passage l'image véridique du bon vivant.

Et pourtant, d'Artagnan aimait jouer de la fourchette et du couteau ! Il était expert en science de gueule, cette nouvelle discipline importée d'Italie quelques décennies auparavant.

LA SCIENCE DE GUEULE

Car la cuisine, comme la littérature ou les beaux-arts, a connu « sa » Renaissance. Les guerres d'Italie n'ont pas seulement permis aux troupes de François Ier de découvrir la peinture du Quattrocento et la sculpture d'un Donatello ou d'un Michel-Ange. Mais aussi de goûter une nouvelle gastronomie et d'apprécier des mœurs plus raffinées. En même temps que des tableaux et des statues, nos soldats rapporteront de leurs campagnes militaires des ustensiles et des recettes, en même temps que des artistes des maîtres queux. Lesquels initieront leurs collègues français à la « science de gueule » – l'expression est du philosophe Michel de Montaigne, au Livre I de ses *Essais*.

Les leçons associent travaux pratiques et cours théoriques. Tout cuisinier, tout maître d'hôtel digne de ce nom ne se contente plus de cuire ou de dresser la table, il glose aussi, « avec une gravité et contenance magistrale », comme s'il débattait « de quelque grand point de théologie ».

La littérature gourmande du XVIIe siècle est inépuisable. Le lecteur curieux de bibliographie trouvera, à l'annexe 3, une liste des principaux *best-sellers* en la matière. Nous nous bornerons à citer ici quatre ouvrages clefs qui permettent de mieux comprendre l'évolution de l'art culinaire au temps de d'Artagnan.

D'abord *Le Pourtraict de la santé, où est au vif représenté la règle universelle et particulière de bien sainement et longuement vivre*, publié en 1606, quelques années donc avant la naissance de notre mousquetaire. Ce manuel, qui fourmille de conseils d'hygiène et de médecine, s'avère d'autant plus précieux pour connaître les menus du jeune Charles de Batz que son auteur, Joseph du Chesne, sieur de La Violette, était originaire du Sud-Ouest et avait suivi ses études de médecine à Bordeaux.

Puis, en 1651, parution du *Cuisinier français, enseignant la manière de bien apprêter et assaisonner toutes sortes de viandes grasses et maigres, légumes, pâtisseries, et autres mets qui se servent tant sur les tables des Grands que des particuliers* : le siècle classique raffole des titres détaillés comme des tables des matières ! Succès sans précédent. Le public s'arrache la première édition. Il faut dire que François-Pierre de La Varenne, l'écrivain, n'est pas n'importe qui : il est écuyer de cuisine du marquis d'Uxelles pour qui il a inventé une préparation à base de cham-

pignons, la fameuse « duxelles ». *Le Cuisinier français* comptera, dit-on, une trentaine de réimpressions et sera même traduit en italien : *Il cuoco francese*, c'est la juste réponse du berger gaulois à la bergère transalpine !
Mais, en ce règne de Louis XIV qui voit la diététique réguler de plus en plus sévèrement la vie quotidienne, les recettes de La Varenne apparaissent bien indigestes à certains. *L'Art de bien traiter, ouvrage nouveau, curieux et fort galant, dans lequel sont résumés tous les progrès accomplis depuis quinze ans dans l'art culinaire*, c'est le manifeste de la « nouvelle cuisine » version 1674 ! Le grand chef reste pourtant discret. Les trois initiales L.S.R., dont il a signé son œuvre, demeurent jusqu'à ce jour mystérieuses, et les exégètes débattent encore pour savoir si elles cachent le sieur Rolland ou le sieur Robert, deux officiers de bouche renommés à l'époque.
Peu importe au fond. L'essentiel est dans le titre et dans l'avant-propos, incendiaires, du livre. « Progrès », le mot est lâché. Ledit sieur R. raille les recettes de son prédécesseur. Fulmine contre « la compilation extraordinaire des viandes [...] cet entassement confus de diverses espèces, ces changements redoublés d'assiettes volantes et d'entremets bizarrement servis, où il semble que l'artifice et la nature s'aillent entièrement épuiser ». Notre novateur n'y va pas avec le dos de la cuiller : « Je crois qu'on ne verra point ici les absurdités et les dégoûtantes leçons que le sieur de La Varenne ose donner et soutenir, dont il a depuis si longtemps leurré et endormi la sotte et ignorante populace, en lui faisant passer ses productions comme autant d'infaillibles vérités et la doctrine du monde la plus approuvée au fait de la cuisine. » Il en rajoute, même : « Ne frémissez-vous point au récit d'un potage de sarcelles à l'hypocras, d'alouettes à la sauce douce ? Voyez-vous sans horreur ce potage de trumeau de bœuf au tailladin,

cette soupe de marmite ? Celle de tête de veau frite ne vous fait-elle pas rire, ou plutôt pleurer de compassion ? »... Qu'en termes bien concoctés ces choses-là sont dites !

Paysage boisé avec escarmouche de cavaliers. Attribué à Frédéric de Moucheron (1633-1686). Edimedia

Enfin, quatrième livre et non des moindres, le *Nouveau traité de la civilité qui se pratique en France parmi les honnêtes gens*, par Antoine de Courtin. Sorti en 1673, l'année même du décès de d'Artagnan, il témoigne du souci croissant de ses contemporains pour le décorum. Un mouvement lancé par le roi en personne. Désireux d'asseoir son absolutisme, Louis XIV a banni la familiarité et le laisser-aller de la cour. Les seigneurs qui gravitent autour du trône ne sont plus, comme jadis sous le bon roi Henri IV, les compagnons d'armes du souverain mais des courtisans, sinon des sujets.

Le changement en est particulièrement sensible à table. « Le manger plus bellement » supplante ripailles et galimafrées. Et le cérémonial institué à Versailles est plus que contraignant. Si le « petit couvert », à midi, du monarque se déroule dans l'intimité, le « grand couvert », pris vers les six heures du soir, est une véritable mise en scène et l'interminable défilé des plats est réglé selon une chorégraphie précise. En tête du cortège, deux gardes, suivis de l'huissier de salle, du maître d'hôtel avec son bâton, du gentilhomme servant, du panetier, du contrôleur général, puis du contrôleur clerc d'office. Ils précèdent écuyers, garçons et marmitons portant les mets. Enfin, fermant la marche, deux autres gardes. Mais le spectacle est tout autant dans la salle : être admis au grand couvert est une faveur insigne que le Roi-Soleil distille à de rares élus.

D'Artagnan fut-il de ces privilégiés ? Peut-être. En tout cas, les « couverts » de d'Artagnan sont suffisamment nombreux et divers pour servir de titre à la biographie du mousquetaire, de son Lupiac natal jusqu'à ce glacis de Maëstricht où il trouva la mort, au terme de son dernier... couvert !

L'été ou les moissons Jacques Fouquières (1585-1659) Edimedia

Biographie Gourmande de d'Artagnan

À TABLE À CASTELMORE

Au manoir de Castelmore, c'est dans la salle basse que la famille prend ses repas. Autour de la vieille table « arelongée », simple plateau de noyer posé sur des tréteaux. Le propriétaire et son épouse trônent aux extrémités, sur des tabourets couverts d'une peau de chèvre noire grossièrement tannée, que l'on appelle « boucassin » dans la région. Les enfants s'entassent le long des côtés, sur les bancs de hêtre. Alignées contre le mur, cinq « chaises à bras », réservées aux éventuels hôtes ; l'hospitalité gasconne n'est pas un vain mot.

Il fait sombre dans la pièce bien qu'il soit à peine six heures du soir. Les vitres qui garnissent les fenêtres étroites sont trop épaisses pour laisser filtrer les derniers rayons du jour. Le feu dans la cheminée n'illumine que ses abords immédiats d'éclairs orangés et tremblotants. Et les chandelles de résine, accrochées près de la porte, dégagent une lueur fumeuse. La vieille servante, qui fait office de cuisinière, décroche le chaudron de la crémaillère, emplit les écuelles. Une louche par personne. Le maître de céans débite la grosse miche de pain bis rassis. Chacun des convives trempe sa tranche dans son potage, la laisse s'imbiber longuement.

Le seigneur, c'est Bertrand de Batz. La particule peut éblouir les ignorants, mais elle laisse de marbre les généalogistes. Les Batz n'étaient que des boutiquiers de Lupiac avant de s'illustrer sous le panache de d'Artagnan !

Pages 24 et 25 : Prunes, melons et pêches sur un entablement de marbre
Pierre Dupuis (1610-1682)
Edimedia

Arnaud, l'arrière-grand-père du futur mousquetaire, était marchand de drap. En 1565 encore, il avouait sa roture devant le sénéchal de Lectoure. Mais, s'il n'était pas noble, il briguait de le devenir. Il acquit, dans le comté de Fézensac, juridiction de Lupiac, La Plagne – une « salle noble » précisent les actes notariés, autrement dit un manoir. Avant d'acheter Castelmore, officiellement dénommé « château », lui.

En vérité Castelmore, dont la tradition fait le berceau natal de notre futur héros, était plutôt une gentilhommière à un seul étage. Quoique pourvue d'une chapelle, elle n'avait, pour tous communs, qu'une grange et une écurie. Mais, dans le galetas en haut de la tour quadrangulaire, trônait un de ces petits canons appelés « fauconneaux ». De quoi rappeler que la Gascogne est un « magasin à soldats, la pépinière des armées » du roi, mordious !

Fort de ces nouveaux titres de propriété, Pierre, le fils d'Arnaud, put accéder à la petite magistrature. Il devint consul de Lupiac, et, tout fier, fit rajouter le terme « noble » sur son contrat de mariage.

Le droit coutumier gascon veut que l'héritage revienne à l'aîné. Bertrand le fils aîné de Pierre, a repris La Plagne et Castelmore. Il a bientôt épousé Françoise de Montesquiou, fille du seigneur d'Artagnan, d'ancien et authentique lignage. La fortune cependant n'a pas suivi son ascension sociale. Le couple a eu huit enfants, dont Charles, que les historiens s'accordent à faire naître entre 1611 et 1620.

Huit enfants, autant de bouches à nourrir. Et les droits seigneuriaux sont loin d'y suffire.

Une terrible misère sévit alors en Gascogne, ruinée par près de cent ans de guerres civiles. Catholiques et protestants se sont ici étripés plus impitoyablement qu'ailleurs. Massacres, saccages et pillages ont ruiné le pays. L'édit de tolérance, institué par Henri IV en 1598, n'a pas ramené la prospérité. Les révoltes de paysans et de croquants continuent à se succéder comme les épidémies et la disette. La peste frappera Eauze en 1630, et, durant les six premiers mois de 1631, la famine fera plus de quarante mille victimes dans la région, d'après les *Mémoires* du duc d'Épernon, gouverneur de Guyenne.

Jean Michelin (1623 - 1695). Edimedia

Léon Godefroy, qui parcourut la province dans la première moitié du XVIIe siècle, a laissé une relation hallucinante de sa traversée du comté de Fézensac. Des landes incultes « produisant sans culture la mauvaise herbe, savoir est des fougères et bruyères [...]. Les blés de ce pays ne sont si jaunes ni dorés qu'ès autres contrées, ains* fort noirs. » Même « le peuple y est extrêmement basané pour ne dire tout à fait noir, de plus qu'il semble affecter la laideur et la difformité en se faisant raser entièrement ». « Tant des hommes que des femmes sont simples en toutes façons et misérables au dernier point par les tailles et impositions dont ils sont chargés », ajoute-t-il. Et de préciser qu'à l'*Auberge du Mas* [Le Mas d'Agenais], il lui « fallut coucher sans souper, n'y ayant du tout rien dedans l'hostellerie ».

L'existence quotidienne des hobereaux de l'Armagnac dit noir – l'Armagnac « lou nègre » – diffère à peine de celle de leurs paysans. L'inventaire, établi après le décès de Bertrand de Batz, révélera que les neuf métairies de ce seigneur étaient toutes grevées de dettes. Les créanciers s'empresseront d'ailleurs, sans pitié pour les héritiers légitimes, de saisir le bétail pour se rembourser !

Tel est le cadre dans lequel Charles de Batz, troisième enfant de Bertrand, cadet de Basse-Gascogne et futur mousquetaire, passe son enfance…

Attribué à Albert Cuyp (1620 - 1691) Cavaliers buvant à l'extérieur d'une auberge. Edimedia

LE PAIN

Les « blés » constituent la base du repas paysan gascon à l'époque de d'Artagnan. Ce terme désigne toutes sortes de grains. Le froment qui pousse dans les meilleures terres des vallées, l'orge, le seigle, et le millet que l'on sème surtout sur les coteaux ou sur les terroirs plus pauvres. Et, depuis le début du siècle, le maïs, encore nommé « turguet » ou blé d'Espagne parce qu'il a été importé en Europe par les *conquistadores* du Nouveau Monde.

Les techniques agraires restent rudimentaires et les rendements faibles, d'autant qu'il faut réserver près de la moitié des grains pour les semailles suivantes.

Avec les céréales, on fait des bouillies et des pains. Le pain est généralement confectionné au foyer. Pour sasser, bluter, tamiser et pétrir la farine, la maîtresse de maison se fait aider de « la plus robuste de ses servantes », précise l'agronome Olivier de Serres. Le pain de froment pur reste un luxe. « À Bordeaux on mange de bon pain de froment », signale Joseph Scaliger. « Mais, sortez de Bordeaux vers le Béarn, tout est pain de millet. » Un témoignage que confirme Louis Coulon, dans ses *Rivières de France*, publiées en 1644 : dans les Landes de Daqs [Dax], habitées par de misérables gens qu'« on prendrait plutôt pour des Tartares que pour des sujets du roi de France, le pain du commun peuple est fait de mil, le terroir étant trop maigre pour produire du blé ».

On distingue alors, en Béarn et en Haut-Armagnac, trois principales sortes de pain de millet, respectivement appelées « millas », « miques » et « brazaires ».

Quant aux bergers landais, ils font leur ordinaire du maïs, rapporte Claude Masse, intendant de la province. Ils fabriquent une pâte à base de farine de cette céréale, « ils l'arrondissent avec la main et la font cuire dans un chaudron qu'ils plantent sur deux piquets au milieu des champs ».

RACINES ET LÉGUMES

On se souvient du fameux texte de La Bruyère montrant les paysans du royaume tels des animaux, nourris de « racines »...

Qu'on ne s'y trompe pas : à l'époque, on appelle « racines » nos légumes actuels. Ils constituent souvent, avec les herbes et les bouillies, l'unique aliment des indigents. Olivier de Serres note qu'en Limousin et en Auvergne les pauvres gens mangent jusqu'aux raves, « crues comme pommes ».

Les Grands jugent les légumes trop plébéiens pour leurs aristocratiques papilles. Ils ne les consomment que déguisés en

Menu ordinaire à Castelmore

POTAGE DE GARBURE
ARMOTE
BRAZAIRE AU CHOU
GRUOT
MILLAS
MÛRES, PRUNELLES, SORBES ET NOISETTES

Boisson
BINOT

viande. Telles ces « andouillettes de veau contrefaites avec de la citrouille », dont on peut trouver la recette dans *Les Délices de la campagne*.

Au début des années 1650 pourtant, des écologistes avant l'heure essaient d'inverser la tendance. *Le Jardinier français qui enseigne à cultiver les arbres, les herbes potagères ; avec la*

manière de conserver les fruits, et faire toutes sortes de confitures, conserves et massepains, dédié aux dames, s'il vous plaît ! chante les vertus des produits naturels. Les seigneurs d'alors rêvant plutôt d'être reçus à Versailles que de végéter sur leurs terres, l'auteur s'est prudemment contenté de signer d'une série d'initiales qui frisent l'incognito : RDCDWBDN ! Mais, le succès dépassant toute attente, il s'enhardit, dévoile son identité : Nicolas de Bonnefons, valet du roi à quart temps et *gentleman-farmer* le reste de l'année. Il récidive même avec un second ouvrage encore plus éloquent : *Les Délices de la campagne, suite du Jardinier français, où est enseigné à préparer pour l'usage de la vie tout ce qui croît sur terre et dans les eaux*, dédié aux « dames ménagères » cette fois.

Bonnefons y proclame les qualités nutritives incomparables des racines, à condition que l'on respecte certaines précautions : il faut les faire cuire à l'eau sans les éplucher, et ne pas y ajouter de ces « épiceries »* qui tuent leur saveur originelle. Des recommandations qui ont fait leur chemin !

Le Roi-Soleil en personne va s'enticher des racines. Il veut un potager à Versailles. De huit hectares, pas moins ! L'emplacement – autour de la pièce d'eau des Suisses –, n'est pas des mieux choisis, le terrain marécageux et sablonneux. Mais Jean-Baptiste de La Quintinie, « intendant en chef des maisons royales », amende le sol, croise les espèces, force les primeurs, greffe les arbres... Et réussit à obtenir un petit Éden.

Au point que Louis XIV pourra faire les honneurs de ses salades et de ses choux au doge de Venise et aux ambassadeurs du Siam !

Le chou

Bien loin de Versailles le chou, légume le plus commun de Gascogne, sert de base à la « garbure ». La recette que nous en donnons ici – qui s'est perpétuée jusqu'à nos jours –, a été consignée au XVIIIe siècle dans *Le Cuisinier gascon*. Il est conseillé de la concocter avec plusieurs viandes. Mais la garbure de la majorité des foyers du temps de d'Artagnan, doit-on le préciser !, ne comportait habituellement qu'un morceau de graisse d'oie, pris au saloir.

L'ail

Enfin, la gastronomie gasconne ne serait pas ce qu'elle est sans l'ail. C'est un condiment

autant qu'un médicament. On se souvient de la naissance de *lou nouste Henric* – le futur Henri IV –, popularisée par l'imagerie d'Épinal. Quand le vieux roi de Navarre frotte les lèvres de son petit-fils avec une gousse d'ail, « un cap d'ail » comme on dit en Béarn, ce n'est pas lubie ou folklore. L'ail est « la thériaque des villageois » de Gascogne. Elle agit « contre les pestes et le mauvais air. Les enfants qui en usent ne sont jamais sujets aux corruptions et vermines », estime Joseph du Chesne. « Étant cuits en la braise ou en l'eau, les aulx perdent beaucoup de leur acrimonie. C'est ainsi qu'on les sert les jours maigres le matin au commencement de table en Gascogne. L'usage en rend les hommes plus forts et vigoureux, témoin qu'on en fait user à ces fins aux esclaves dans les galères. »

C'est l'ail qui donne à la cuisine du Sud-Ouest sa saveur. Un accent qui roule comme les cailloux des gaves et les *r* de la langue d'oc...

ARMOTE *(Le Pourtraict de la santé)* En Gascogne on fait une pâte d'eau et de farine de millet qu'on assaisonne avec du sel et qu'on fait cuire jusqu'à ce qu'elle ait pris de la consistance. Cette bouillie, qui en beaucoup d'endroits fait les délices des paysans, s'appelle « armote ». On peut la faire bien meilleure en préparant la farine avec du lait.

MILLAS *(Le Pourtraict de la santé)* C'est un pain de millet, confectionné avec de la farine, passée et séparée du son, dont on fait pâte avec de l'eau. Laquelle pâte, salée et fermentée est cuite au four et réduite en pain dont les paysans usent et s'en repaissent d'ordinaire. Le goût en est un peu doux, assez bon et nutritif.

GRUOT *(Le Cuisinier gascon)* Vous faites bouillir du lait ce qu'il vous en faut. Vous passez ce qu'il vous faut de gruot à l'étamine avec le lait. Étant passé, vous le faites cuire sur un fourneau comme de la bouillie. Vous y mettez un peu de sel et de sucre. Vous pouvez le faire griller comme une crème ou servir à blanc.

BRAZAIRE AU CHOU *(Le Pourtraict de la santé)* Ce qu'on appelle « brazaire » se consomme au dessert et est viande* assez délicieuse et savoureuse au goût. On l'appelle brazaire d'autant qu'on fait cuire un pain carré. On le fait long d'un pied et épais de deux travers de doigt, enveloppé de toutes parts avec des feuilles de chou dont on couvre tout le pain dans la braise du feu ordinaire.

GARBURE OU POTAGE DE GARBURE *(Le Cuisinier gascon)* Vous faites suer bœuf, veau, mouton, un combien de jambon. Étant sués, vous mouillez de grand bouillon et empotez dans une marmite bien écumée. Ensuite, vous y mettez toutes sortes de légumes, comme choux, panais, carottes, navets, céleri, poireaux, oignons, racine de persil, un bouquet d'oseille, une poignée de pois secs, une bonne mignonnette*, trois gousses d'ail. Assaisonnez de bon goût. Ajoutez petit lard et un cervelas cru. Vous y mettez deux cuisses d'oies marinées que vous faites blanchir, et une poule étant faite de bon goût. Vous avez du pain de seigle tranché dans votre plat que vous mitonnez de bon goût. Vous y arranger les cuisses d'oie et les légumes autour, avec cervelas et petit lard, et servez, les légumes blanchis, bouillon dessus.

À L'AUBERGE DES MOUSQUETAIRES

La première fois que Charles de Batz pénétra dans l'auberge du *Gaillard Bois*, rue des Fossoyeurs, à Paris, il eut sans doute l'impression de défier le destin. D'entrer dans l'Histoire…

S'il n'avait pas été le cadet d'une famille de hobereaux, Charles serait en effet demeuré un gentilhomme campagnard, comme son père. Mais, né pauvre, « il fallait bien qu'il suivît la fortune du monde en toute nécessité », comme l'avait avoué, quelques décennies auparavant, un autre noblaillon de Gascogne, Blaise de Monluc.

Le droit coutumier, en usage dans les pays d'oc sous l'Ancien Régime, est impitoyable : l'aîné hérite de la quasi-totalité du patrimoine. Il ne reste qu'une alternative aux puînés : l'Église ou l'armée. Notre jeune homme a le caractère fougueux : peut-il hésiter, *cap de Diou* ? Paul, le premier fils de Bertrand de Batz, s'occupera de Castelmore à la mort de leur père. Arnaud, le benjamin, rentrera dans les ordres. Charles, lui, rêve de « parvenir par les armes ».

Les exemples ne manquent pas autour de lui, de petits gentilhommes, plus titrés que fortunés, partis conquérir argent et gloire, à la pointe de leur épée. Roquelaure, Pardaillan, d'Astarac, Castelbajac, Monluc, Nogaret de Lavalette promu duc d'Épernon et colonel général de l'infanterie française, lui ont tracé la voie. Leur réussite enflamme son imagination d'adolescent. Tous se sont si bien illustrés à la guerre que, aux yeux de leurs contemporains, « brave » et « gascon » sont devenus synonymes.

De « l'écume de ces cerveaux [de Gascogne] bouillonnants, se tirent plus de capitaines et de maréchaux de France que d'aucun autre lieu », constate Agrippa d'Aubigné. « Tout soldat français, pourvu qu'il soit vaillant, on le tient pour gascon », renchérit le Périgourdin Brantôme. Non sans ajouter avec malice que bon nombre de militaires d'autres provinces n'hésitent pas à usurper cette nationalité à seule fin de gagner l'estime de leurs supérieurs hiérarchiques : « avec un petit *cap de Diou* seulement et un peu de mine », le tour est joué.

Monsieur de Batz père approuve le choix de son fils. Il fait le sacrifice financier de l'équiper, dans la mesure de ses moyens qui sont limités. Les chevaux valent fort cher à l'époque, et les nobles désargentés doivent souvent se contenter de seller des bêtes de labour. La monture que reçoit le jeune Charles n'est peut-être pas de couleur orange ou « bouton-d'or », comme il est dit dans *Les Trois Mousquetaires*, mais la description d'Alexandre Dumas, à défaut d'être véridique, est tout à fait vraisemblable. Imaginons donc « un bidet du Béarn, âgé de douze ou quatorze ans, jaune de robe, sans crins à la queue, mais non pas sans javarts aux jambes », qui marche « la tête plus

bas que les genoux ». C'est dans ce piteux équipage que notre héros va s'élancer vers Paris.

En guise d'adieu, son père multiplie les conseils : « C'est par son courage, entendez-vous bien, par son courage seul, qu'un gentilhomme fait son chemin aujourd'hui. Quiconque tremble une seconde laisse peut-être échapper l'appât que, pendant cette seconde justement, la fortune lui tendait. »

Sur quoi, il lui ceint sa propre épée et l'embrasse tendrement sur les deux joues. Outre sa bénédiction, il lui donne quelques pistoles pour ses frais de voyage. Et un viatique plus précieux encore, une lettre de recommandation rédigée par l'oncle maternel du garçon, Henri de Montesquiou sieur d'Artagnan, à l'intention d'un certain Monsieur du Peyrer. Un Gascon depuis longtemps établi dans la capitale.

Les Gascons à Paris, c'est une véritable mafia, au XVIIe siècle. Un réseau d'entraide pour les compatriotes fraîchement débarqués, qui leur facilite le gîte et le couvert, et les fait bénéficier de relations intéressantes.

L'oncle de Charles a frappé haut. Arnaud-Jean du Peyrer n'est autre que le comte de Troisvilles, capitaine-lieutenant des mousquetaires de la garde du roi. En lui confiant sa missive, Henri de Montesquiou n'a pas manqué de rappeler à son neveu la carrière fulgurante de son interlocuteur. Du Peyrer est issu de la bourgeoisie marchande d'Oloron-Sainte-Marie, où il est né en 1598. Nommé page du souverain à seize ans, ce sont ses exploits à la guerre qui lui ont permis de gravir, jusqu'au grade suprême, les échelons militaires.

« Tu dois imiter son exemple, Charles ! »

Charles promet. Il pique ses éperons dans le flanc de son bidet.

À peine arrivé dans la capitale, il se présente à l'hôtel de Monsieur de Troisvilles. Il tend sa lettre de créance d'une main timide.

Le visage du capitaine s'éclaire : « Ce vieux Montesquiou... Ton oncle était un brave, et j'espère que tu lui ressembleras, mon garçon. Tu vas

commencer par faire tes preuves au régiment des gardes françaises, et, si tu t'en montres digne, tu deviendras bientôt mousquetaire !... Portau, occupe-toi de ce jeune homme ! »

Charles n'a pas le temps de remercier. Une espèce d'ogre se rue sur lui, lui coupe le souffle d'une bourrade affectueuse : « Une promotion, ça se fête, mordious ! »

L'attrapant par l'épaule, il l'entraîne jusqu'à l'auberge voisine, *Le Gaillard Bois*, rue des Fossoyeurs.

C'est ici que les mousquetaires du roi ont leurs habitudes. Dans la pénombre enfumée, une bonne vingtaine d'entre eux sont installés, qui enchaînent parties de cartes sur parties de dés, arrosées de force rasades. Et, tout en jouant, racontent leurs derniers exploits, invariablement couronnés de succès.

Portau s'affale à la table d'hôtes, invite son compagnon à l'imiter. La servante, sans rien demander, dépose devant eux des œufs et un pichet d'étain de bonne taille. Le géant emplit leurs hanaps, vide le sien d'un trait :

« Comment tu t'appelles, garnement ? », s'enquiert-il enfin.

En un instant, la décision de notre Gascon est prise. D'Artagnan sonne plus haut, plus fier que Batz. C'est un nom de fortune et de gloire, un nom de héros.

« Charles d'Artagnan », claironne-t-il.

Du Troisvilles historique, Dumas fera Monsieur de Tréville. De Portau, le bon géant Porthos. Et de d'Artagnan, un mythe...

En 1670, Paris et ses environs comptent officiellement huit cent quarante-sept cabarets et tavernes, dont deux cent quatre dans le seul faubourg Saint-Germain où loge d'Artagnan. Mais tous les établissements n'ont pas la même cote. Les débits de boisson les plus modestes se signalent à l'attention des clients par un simple bouchon de paille. Une enseigne en forme de déclaration d'impôts : le fisc obligeait naguère les taverniers, qui mettaient en perce une barrique, à déposer sur le seuil de leur boutique le bouchon de paille qui avait servi à bondonner cette futaille.

Les cabarets les plus élégants, eux, ont de véritables enseignes, souvent fort célèbres, parfois très anciennes. *La Pomme de pin*, « en la Cité », avait déjà abrité les ivresses de Villon, puis celles de Rabelais. Au XVIIe siècle, La Fontaine et Racine se retrouvent *Au mouton blanc*, près du cimetière Saint-Jean, Molière réunit ses comédiens *Aux bons enfants*, rue du même nom, le poète Saint-Amant aime composer *Au cormier fleuri*, et Boileau *Au petit More*.

Autour de la capitale, sur le mont Parnasse et sur les berges du fleuve, fleurissent des cabarets champêtres agrémentés de tonnelles et de jardins. On peut y déguster des écrevisses fraîchement pêchées dans la Seine ou la Bièvre, arrosées des petits vins de la région parisienne.

Les cabaretiers, à l'inverse des taverniers, sont habilités à servir des mets avec les boissons, à la table d'hôtes. À Paris, « il y a des cabaretiers qui vous donnent à manger chez eux, à tous les prix, pour un teston, pour un écu, pour quatre, pour dix, pour vingt même par personne si vous le désirez. Mais, pour vingt écus, on vous donnera j'espère, la manne en potage, ou le phénix rôti ; enfin tout ce qu'il y a au monde de plus précieux ! », écrit l'ambassadeur de Venise, Jérôme Lippomano.

Ce diplomate était en poste en France à la fin du XVIe siècle. Les guides à l'usage des voyageurs étrangers renseignent sur les prix pratiqués cent ans plus tard. Si les gargotes proposent des plats à quelques sous, le coût moyen d'un repas correct est de deux livres. À moins que l'on ne s'offre un luxueux dîner chez *La Boisselière*, près du Louvre, ou chez *Renard*, au jardin des Tuileries : l'addition peut alors se monter à dix livres, ou plus !

C'est à la fin du règne de Louis XIV, que l'on verra s'ouvrir les premiers cafés à Paris : le café de la rue de Buci, de l'Arménien Maliban, le café de la rue des Fossés Saint-Jacques, tenu par Pascal, un autre Arménien, et, bien sûr, le fameux café *Procope*, installé par le Sicilien Procoppio rue de Tournon, en 1686.

Les restaurants, dans l'acception moderne du terme, avec carte et tables particulières, apparaîtront à la veille de la Révolution seulement.

Sur la carte de l'auberge

ŒUFS À L'HUILE AU VERT
ŒUFS À LA GASCOGNE
ŒUFS AU SOLEIL
CRÈME À LA MOUTIER
ŒUFS SOUFFLÉS

Boissons

VINS
SUCCÉDANÉ DE VIN

LA CARTE DES VINS

En première place, figurent les crus de l'Ile-de-France. Paris et sa région sont alors couverts de vignes qui donnent de petits crus agréables et appréciés, parmi lesquels le clos Saint-Sulpice, le clos Férou, le clos du Roi, le Suresnes, le Montmorency, le Pierrefitte, le Ruel, l'Argenteuil, le Mantes.

Si le populaire raffole aussi des vins de Touraine, d'Anjou et de l'Orléanais, grands bourgeois et seigneurs préfèrent de loin champagnes et bourgognes.

Les vignerons d'Ay et de Reims sont, depuis plus d'un siècle déjà, les fournisseurs attitrés de la cour de France. Ils le demeureront jusqu'en 1690, date à laquelle Louis XIV s'étant plaint d'aigreurs d'estomac, son premier médecin, Guy Crescent Fagon, proscrit de sa table les vins de Champagne au profit des vins de Bourgogne.

Il faut noter que les champagnes que d'Artagnan a pu goûter étaient des vins tranquilles, rouges ou rosés. La champagnisation, inventée dans le dernier tiers du XVIIe siècle par Dom Pérignon, cellérier de l'abbaye de Hautevillers, ne se généralisera qu'à la fin du règne du Roi-Soleil.

En 1690 donc, beaunes et bourgognes entrent à Versailles. Fagon a recommandé à son auguste patient le « Nuys », un rouge de Nuits-Saint-Georges. Mais il lui permet aussi les blancs, le puligny, le chassagne, le montrachet dont les chroniqueurs attestent que la récolte était prévendue d'une année sur l'autre, et le meursault qui, de l'avis du voyageur Martin Lister, « n'est pas désagréable » du tout !

Dans ce contexte, les produits du Sud-Ouest, et le bordeaux en particulier, font figure de parent pauvre. Pour les lancer, les Bordelais s'essaient à une des premières dégustations publiques de l'histoire du vin. En décembre 1615, à l'occasion d'un séjour de Louis XIII à Bordeaux,

le souverain et les courtisans se voient offrir du vin nouveau de Gascogne. Initiative malheureuse. Une terrible dysenterie décime les goûteurs.

La vinification restera rudimentaire jusqu'à la fin du grand siècle : on n'utilise pas encore les mèches soufrées pour stériliser les tonneaux, et on ne connaît pas le collage au blanc d'œuf. Les vins vieillissent mal. Et voyagent mal.

Les vins du Sud-Ouest sont donc réservés à la consommation locale. Ou à l'exportation ! Et si les Parisiens se méfient, les Anglais, eux, ont conservé, du temps où ils vendangeaient en Aquitaine, un fort penchant pour le *French Claret*, le clairet léger et rafraîchissant. Les sommeliers des rois d'Angleterre continuent de venir se fournir à Bordeaux, au point que Michel de Montaigne, maire de la cité de 1581 à 1585, peut affirmer sans mentir que les vignes sont « le bien principal du pays ».

Chaque année, à la mi-octobre, de véritables armadas remontent la Gironde pour s'ancrer le long des quais de Bordeaux.

« Ce port en cette saison a la gloire

De donner tous les ans à boire

Presque à tous les peuples du Nord »,

constatent Chapelle et Bachaumont au cours de leur périple en Gascogne.

Mais tous les crus du Sud-Ouest ne sont pas égaux sur le marché. Depuis l'occupation anglaise, producteurs et négociants bordelais ont obtenu des privilèges royaux, qui perdureront jusqu'à la veille de la Révolution. En plein milieu du XVIIIe siècle, l'intendant de Tourny remarque encore qu'ici « on ne souffre pas que les vins de haut, c'est-à-dire du Périgord, de l'Agenais, du Quercy, et de toute la Haute-Guyenne arrivent à Bordeaux avant Noël ». Ce qui assure aux vins de la juridiction de Bordeaux le monopole du marché anglais, mais aussi hollandais, pour les fêtes de fin d'année.

LES GRANDS CRUS

À l'époque de d'Artagnan se produit une petite révolution dont les conséquences ne lais-

sent pas de se faire sentir jusqu'à aujourd'hui. Les amateurs britanniques recherchent de préférence des vins vieux : sont dits alors « vieux » les vins de trois ou quatre ans d'âge. Ils commencent également à établir des distinctions entre les crus. Première étape vers une classification des productions.

Le pionnier des « grands crus », c'est le vin de Haut-Brion, en Médoc, domaine aux mains de la dynastie parlementaire des Pontac depuis 1533. Les Anglais lui trouvent « un bon goût, le plus particulier » que l'on ait jamais rencontré. Son prix s'en ressent. À la fin du grand siècle, il atteint des sommets, tant à la propriété qu'à la revente au détail. Dans la *Pontack's Head*, la taverne que François-Auguste de Pontac, homme d'affaires avisé, a ouvert à Londres, une bouteille de haut-brion vaut trois à quatre fois plus qu'un bon bordeaux générique. Au minimum.

Une entreprise si juteuse devait faire des émules. Bientôt naissent le lafite, le latour et le margaux, les *New French Claret*, comme les appellent les Anglais...

Les vins de pays

Il serait injuste de limiter les productions du Sud-Ouest aux seuls vins de Bordeaux. Toutes les régions de Gascogne ont leur cru local.

Les vins du Pays basque, de Capbreton, de La Roque, ou d'Anglet, prétendent soutenir la comparaison avec les grands crus nationaux. Pour assurer leur propagande, les autorités de la ville ne manquent pas de les offrir aux visiteurs de marque. Les vins de Béarn ont aussi leurs fervents partisans, comme l'Agenais Joseph Scaliger, fils du célèbre

humaniste de la Renaissance.

Il est amusant de constater que les hostilités entre les vins de Bordeaux et les « vins de haut » se retrouvent – dans toutes les régions de production,

sur une échelle réduite, certes – tout aussi virulentes. Témoin la lutte entre les vins de Chalosse et d'Armagnac.

Dès 1600, le syndic de Saint-Sever prend la défense des vins de Chalosse et de Tursan, menacés dans leur « pureté et leur dignité » par les piquepoults d'Armagnac. C'est par l'Adour que ces derniers débarquent à Mont-de-Marsan. Là, des négociants sans scrupules les transfèrent dans des tonneaux réservés d'or-

dinaire aux chalosse, et les commercialisent sous ce nom !

Les plaintes se répéteront au fil des décennies. Les Montois se voient bientôt accusés de rajouter de l'eau, de l'eau-de-vie, de l'alun et de la chaux dans leur misérable piquepoult. Voire de la fiente de pigeon ou du lait !

Ajoutons, pour compléter le tableau des vins de Gascogne, le vin de Castelmore. Les actes notariés établis lors du décès du seigneur de Batz, père de notre mousquetaire, confirment la présence, dans les dépendances du manoir, d'un cellier équipé de deux cuves « à presser la vendange », de tonneaux « à mettre la grappe », et de nombreuses barriques de rouge et de blanc.

Œufs à la Gascogne

(La Science du maître d'hôtel) Faites bouillir un demi-quart d'heure dans l'eau douze gousses d'ail. Mettez-les à égoutter, et pilez avec du gros poivre, une demi-poignée de câpres, trois anchois, peu de sel. Étant bien pilés, délayez avec de l'huile. Dressez sur le plat que vous devez servir. Mettez dessus des œufs pochés à l'eau ou des œufs durs, les jaunes mollets. Servez froid.

Crème à la Moutier

(La Science du maître d'hôtel) Pilez un reste de perdrix cuite à la broche avec deux rocamboles*, deux échalotes, un peu de civette, quatre ou cinq feuilles d'estragon. Délayez avec un demi-verre de vin de Champagne que vous avez fait bouillir avec un verre de bouillon de viande et un peu de jus. Passez le tout à l'étamine. Assaisonnez de sel et de fines herbes. Mettez-y quatre ou cinq jaunes d'œufs crus.
Repassez une seconde fois à l'étamine. Mettez à cuire au bain-marie dans le plat que vous devez servir. Servez cette crème, qui doit être tremblante sans être trop claire ni trop épaisse.

SUCCÉDANÉ DE VIN *(Le Théâtre d'agriculture)* Pour être secouru de breuvage en temps de petites vendanges, mais de breuvage bon et délicieux, tenant rang entre les bons vins pour la table du maître. Des poires bien qualifiées en telle quantité qu'il vous plaira seront moulues et brisées ; après sans autre mystère seront jetées dans la cuve, sur le marc des raisins, incontinent après en avoir tiré le vin. Là, le tout bouillira ensemblément par le propre naturel de chacune de ces matières, et ce tant qu'il vous plaira pour en faire du vin clair ou couvert.
Lequel participant et du raisin et de la poire sera doux et piquant, délicat et plaisant à boire, et de garde, jusqu'à la fin de mai, non guère plus, par n'être chose sûre de pouvoir souffrir la violence des grandes chaleurs.

ŒUFS SOUFFLÉS *(Le Cuisinier gascon)* Vous prenez huit œufs frais. Vous mettez les jaunes à part et vous fouettez les blancs jusqu'à ce qu'ils soient bien pris. Vous prenez une cuiller et du blanc d'œuf fouetté dedans, et dans le milieu un jaune, et recouvrez de blanc. Et les faites frire de belle couleur les uns après les autres, et les servez avec une sauce verte ou autre, si vous voulez.

ŒUFS À L'HUILE AU VERT *(Le Cuisinier gascon)* Vous pochez des œufs à l'huile les uns après les autres. Étant frits, vous les dressez dans leur plat. Vous avez une sauce verte au persil que vous jetez dessus, et servez.

ŒUFS AU SOLEIL *(Le Cuisinier gascon)* Vous faites frire huit œufs au saindoux. Ensuite, faites une pâte à beignets et vous y mettez du petit lard coupé en dés à demi passés. Vous trempez vos œufs dans cette pâte. Prenez du lard avec les œufs, et les faites frire de belle couleur. Servez avec du persil frit.

3 SOUPER CHEZ SON ÉMINENCE

Le boire et le manger devaient toujours ponctuer les principales étapes de la carrière et de l'existence de d'Artagnan. C'est en partageant force rasades avec ses compagnons qu'il arrose ses promotions ; c'est en banquetant qu'il fête ses avancements. Mais, dans la société fortement clivée du grand siècle, les plaisirs de la table sont aussi autant d'occasions de découverte et d'expériences…

L'histoire se passe un beau matin du printemps 1646, en pleine campagne de Flandre, aux portes d'Amiens. Ce jour-là, le Gascon s'apprête à monter au front avec son régiment, quand son capitaine Troisvilles le fait appeler, en même temps qu'un de ses compagnons, François de Monlezun-Besmaux :

« Vous partez pour Paris. Sur-le-champ. Et pas question de musarder en route, mordious ! À dix-huit heures précises, vous êtes conviés à souper au Palais-Royal. »

Les deux hommes en restent muets de surprise.

« Emportez toutes vos affaires, car il se pourrait fort que vous ne reveniez pas », ajoute Troisvilles.

Avant de les congédier, il retient d'Artagnan. Et, d'un ton bourru qui masque son émotion : « Quoi qu'il arrive, continue toujours à suivre le chemin de l'honneur, mon garçon. Depuis cinq ans, je n'ai jamais eu à me repentir d'avoir écouté la requête de ton oncle de Montesquiou et de t'avoir appris le métier des armes. J'espère que tu ne me feras pas mentir, moi non plus, et que tu donneras pleine satisfaction à la personne à qui je t'ai recommandé à mon tour. »

Il lui serre l'épaule, longuement :

« Ce soir, tu soupes avec Son Éminence. À toi de jouer, d'Artagnan ! »

L'Éminence qui attend notre héros, ce jour-là, s'appelle Giulio Mazarini, plus connu dans les manuels scolaires de l'Hexagone sous le nom de Mazarin. N'en déplaise à Dumas, le d'Artagnan historique n'a commencé sa carrière de soldat, aux gardes puis aux mousquetaires, qu'en 1641 ou 1642, soit à la toute fin du règne de Richelieu, décédé en décembre 1642. Toutes les aventures narrées dans *Les Trois Mousquetaires* sont purement imaginaires. Inventée l'histoire des ferrets de la reine, inventée l'intrigue galante avec le beau Buckingham, inventée la pulpeuse Milady. D'Artagnan n'a jamais affronté Richelieu par espionne interposée. Il n'a jamais récupéré les diamants d'Anne d'Autriche pour la bonne raison que celle-ci ne les a jamais égarés ! Il n'a même pas assisté au siège de La Rochelle : à l'époque, en 1628, le Gascon vivait encore chez papa et maman, dans son Castelmore natal.

La vérité historique a moins de panache que la fiction littéraire. Notre mousquetaire n'a jamais été ce libertaire insoumis, cet opposant déjà romantique. Il a servi sous le successeur de Richelieu, le cardinal Mazarin. Mieux – pire, penseront d'aucuns ! – il a servi Mazarin.

Dès le printemps 1646, d'Artagnan devient « l'un des gentilshommes de Son Éminence », comme le rapporte *La Gazette de France*. Colbert emploiera un terme plus cru : d'Artagnan est l'une des « créatures » de l'Italien.

Mazarin avait alors besoin de collaborateurs dévoués. Sa position est en effet fort précaire. S'il jouit de la confiance et de l'admiration de la régente Anne d'Autriche, les Grands du royaume le méprisent pour ses origines étrangères, modestes de surcroît. Beaucoup de seigneurs rêvent

de subtiliser, à leur propre profit, son portefeuille de ministre. Et, profitant de la minorité du petit Louis XIV, contrecarrent systématiquement ses décisions. Ne pouvant compter ni sur les gouverneurs des provinces ni même sur les fonctionnaires en place, le cardinal recrute des hommes nouveaux. Profil exigé : les candidats devront être courageux, valeureux, mais aussi dépourvus de tous biens matériels. Rémunération offerte : la fortune, pas moins ! S'ils se montrent loyaux et zélés, Mazarin promet de les couvrir d'or.

Troisvilles, promu chasseur de têtes, saisit l'aubaine. Il va noyauter l'entourage du cardinal en plaçant ses hommes à lui, des compatriotes. Il propose Monlezun-Besmaux et Charles de Batz-Castelmore, seigneur d'Artagnan…

À vous de jouer Besmaux, à toi de jouer d'Artagnan !…

Oui ! Ils sauront y faire. Les deux compères se le promettent, tout en galopant vers Paris à bride abattue.

« Nous deviendrons millionnaires ! », chante Besmaux.

D'Artagnan ne montre pas moins de joie : « Les cailles vont nous tomber toutes rôties dans la bouche ! »

Mazarin avait l'habitude de traiter ses hôtes « avec une rare opulence », rapporte le chroniqueur Loret. Les menus étaient toujours d'un raffinement exquis, le décor somptueux, la vaisselle luxueuse, de vermeil, incrustée de pierreries. Et on mangeait en musique ! Le cardinal entretenait en effet un petit orchestre de chambre chargé d'égayer ses repas.

Us et coutumes

Au XVIIe siècle, on faisait, comme aujourd'hui, deux repas principaux. Le « dîner » avait lieu vers midi, le « souper » à dix-huit heures. Jusqu'au jour où

Louis XIV décidera de retarder désormais son dîner d'une d'heure. Toute la noblesse l'imite aussitôt. Au grand dam de Madame de Sévigné : « Je meurs de faim passé douze heures », avoue notre marquise. Et puis, on n'a plus le temps de digérer ! « Quand les sottes gens veulent qu'on soupe à six heures, sur son dîner, je me moque d'eux, je soupe à huit ! », ajoute-t-elle, décidément bien grincheuse.

Mazarin recevait dans une « salle à manger », ce qui ne manquait pas de surprendre ses contemporains. Les appartements parisiens étaient en effet trop exigus, la famille, la parentèle et la domesticité trop nombreuses, pour que l'on sacrifiât quelques précieux mètres carrés au seul usage des repas. On se restaurait d'ordinaire dans la cuisine, à moins que l'on ne fît dresser la table dans un cabinet de travail, ou dans une chambre, au gré des humeurs et des hasards. On déployait les sièges en fonction de la qualité des hôtes. Les fauteuils à dossier et à bras étaient réservés aux personnes de condition. Venaient ensuite, par ordre de considération décroissante, les chaises à dossier mais sans bras, les tabourets ou « placets », les « perroquets » pliants, puis les simples bancs.

Son Éminence avait l'habitude d'installer ses convives autour

d'une table ronde, afin d'éviter toute épineuse question de préséance et concilier « honneurs, respects et civilités ».

Un maître mot, la « civilité », à l'époque. Tous les manuels de cuisine consacrent plusieurs chapitres aux us « modernes » et règles de bienséance à observer pour être à la page. Mais la rudesse française sera bien longue à se résorber. En 1673, Antoine de Courtin doit encore répéter, aux lecteurs de son *Nouveau traité de la civilité qui se pratique en France parmi les honnêtes gens*, combien il est vilain de se jeter voracement sur la nourriture sans se soucier des autres convives : il faut « se garder de mettre la main au plat, que les plus qualifiés l'aient mise les premiers » !

Au menu de l'Illustrissime Éminentissime

ÉCREVISSES
À LA NAPOLITAINE
LASAGNES AU BEURRE
FILET DE MOUTON
À LA VÉNITIENNE
VEAU À LA PIÉMONTAISE
GÂTEAU
À L'ITALIENNE FRIT

Après le souper
CHOCOLAT
CAFÉ

Les mains, oui ! vous avez bien lu... La fourchette, acclimatée sous nos latitudes par Henri III, dans les années 1575, est en effet encore loin de garnir toutes les ménagères. Si le Roi-Soleil en possède plusieurs, tout cérémonieux qu'il est, il ne les utilise pas. Il continue à déchiqueter les volailles avec ses doigts. Il faut dire que Sa Majesté se révèle en cet exercice d'une habileté sidérante : Louis XIV n'éclabousse jamais ses voisins, affirme cette langue de vipère de Saint-Simon !

Parallèlement à la fourchette, sont apparues les « assiettes à manger » individuelles. Et, sous l'impulsion de Mazarin, les

assiettes creuses, appelées « mazarines » pour cette raison. Mais l'usage ne s'en généralisera qu'au siècle suivant. Dans nombre de foyers, on continue à partager son écuelle avec son voisin.

La vaisselle est d'argent chez les Grands et d'étain chez les bourgeois. La faïence sera plus tardive, d'abord importée d'Italie – de la ville de Faenza, d'où son nom –, puis fabriquée en France, dans les manufactures créées par Colbert. La porcelaine de Chine, fort onéreuse, demeurera longtemps un luxe.

Devant chaque assiette, on a coutume de disposer une serviette de table. Savamment arrangée comme le veut la mode, en forme de navire, d'animal ou de fleur. Les grandes maisons s'arrachent à prix d'or les domestiques spécialisés dans l'art du pliage.

Un tel cérémonial exige un personnel nombreux, parfaitement stylé, et mené à la baguette. Le maître d'hôtel est la clef de voûte de la bonne ordonnance du service. Il a sous ses ordres tout un bataillon de serviteurs : de l'écuyer de cuisine au pâtissier, du sommelier au simple serveur. Sa rémunération est à l'avenant. Ses appointements peuvent se monter à quelque cinq cents livres, alors qu'un garçon de cuisine touche dans les soixante-quinze livres seulement.

LE CHOCOLAT

Aux menus de Mazarin, trois innovations culinaires qui ne devaient plus quitter nos tables : le chocolat, le café et le thé.

Le chocolat, c'est l'Amérique de la cuisine. Il a été découvert en 1492, lui aussi. Et par le même Christophe Colomb ! Dans son journal de bord, le navigateur génois mentionne de curieuses « amandes qui servent et de monnaie et de boisson » aux indigènes du Nouveau Monde. Il faudra cependant attendre la conquête du Mexique, pour que les Occidentaux s'intéressent de plus près au dit *cacahualt*. Les *conquistadores* s'aperçoivent en effet un jour que l'empereur aztèque Moctezuma ne se rend jamais dans son harem sans avoir avalé au préalable deux ou trois tasses de ce breuvage. Ce dont les beautés ci-enfermées se montrent fort satisfaites...

Quel meilleur argument publicitaire ? Hernan Cortès et ses sbires se ruent sur les bénéfiques fèves, en chargent de pleins ballots au fond des cales de leurs lourdes caravelles.

Une grande part du commerce de l'« épicerie » de la péninsule est aux mains des juifs. Ces derniers sont expulsés d'Espagne, en 1609. Beaucoup vont s'installer à Bayonne, dans le quartier Saint-Esprit, et s'y faire chocolatiers.

Le chocolat se consommait alors en boisson. Sa préparation, un rien mystérieuse, exigeait un attirail impressionnant : brasero, plaque et rouleau de marbre pour broyer les fèves de cacaoyer. On l'assaisonnait de moult aromates et épices, et son goût aurait surpris nos modernes papilles !

Le chocolat trouve d'emblée deux fidèles amateurs à la cour. Le cardinal Mazarin d'abord, qui va jusqu'à engager, en 1654, un de ses compatriotes, un dénommé More, à seule fin de lui concocter sa boisson favorite. Puis la reine Marie-Thérèse, qui s'en fait préparer par sa camériste ibérique. Elle le déguste en cachette, car Louis XIV, pour sa part, n'apprécie guère ces « ragoûts à l'espagnole » !

Néanmoins, le prix prohibitif des graines de cacaoyer dissuade le grand public de s'adonner à cette mode, laquelle se cantonne aux milieux huppés de la capitale. Si l'on en croit l'abbé de Choisy, en 1664, la province ignore encore cette boisson.

Aux raisons financières se greffent d'ailleurs des réticences d'ordre médical. Et moral.

Chapitre santé, la Faculté restera longtemps partagée sur la valeur du chocolat. Les thèses se succèdent, qui le disent tantôt nocif, tantôt salutaire. L'intarissable marquise de Sévigné se fait l'écho, lettre après lettre, de la polémique qui opposera défenseurs et détracteurs plusieurs décennies durant. « Je pris du chocolat avant-hier pour digérer mon dîner, afin de bien souper », avoue-t-elle un jour de 1671, conseillant à sa fille de l'imiter : « Vous ne vous portez pas bien, le chocolat vous remettra ! » Quelques semaines plus tard, elle change de camp. Voilà qu'il « n'est plus à la mode du bel air ». Pire, « on le maudit, on l'accuse de tous les maux, il est la source des vapeurs et des palpitations, il vous allume tout d'un coup une fièvre continue qui vous conduit à la mort ». Pour preuve, « la marquise de Coëtlogon prit tant de chocolat étant grosse l'année passée qu'elle accoucha d'un petit garçon noir comme le diable, qui mourut ».

Chapitre religion, les consommateurs risquent aussi d'y compromettre leur salut. Car l'Église n'est pas moins perplexe que les médecins. Pour d'aucuns, le chocolat est un aliment, et, comme tel, il rompt le jeûne sacro-saint : il doit être interdit pendant le carême. Tandis que les jésuites, eux, soutiennent qu'on peut sans pécher le boire à satiété les jours d'abstinence. À conditions de le préparer à l'eau pure.

Le débat devait diviser la chrétienté jusqu'à la veille de la Révolution...

Thé et café

Il est amusant de constater que les discussions ne furent pas moins acharnées concernant les deux autres « inventions » gastronomiques de l'époque : le thé et le café. Le premier arrive en Europe, dans les bagages de négociants hollandais, dès les années 1600-1610. Mazarin l'apprécie d'emblée. Il en prend

« pour se garantir de la goutte ».

Mais certains grands pontes diplômés ès Sorbonne prennent ombrage de cette médication spontanée. Ils veulent voir le thé condamné, banni. Guy Patin le traite d'« impertinente nouveauté du siècle », Fagon l'accuse de provoquer des caries dentaires. L'affaire monte jusqu'au Parlement, où le Chancelier Séguier finira par trancher en sa faveur.

En 1674, un an après la disparition de d'Artagnan, le thé est encore loin d'être devenu populaire. « Son nom et son usage ne font que commencer d'être connus en France. Il y en a peu chez les marchands et il se vend au poids de l'or », témoigne l'évêque d'Avranches.

Quant au café, les négociants marseillais ont pris l'habitude d'en rapporter d'Arabie dès le milieu du grand siècle. Mais il faudra attendre la visite de l'envoyé du sultan Mohammed IV à Louis XIV, en 1669, pour que la vogue s'en répande véritablement. Des kiosques s'ouvrent dans la capitale, où l'on peut déguster, pour deux sous et demi, une tasse d'« arôme nouveau » – c'est d'abord le nom que l'on donne au café. De Paris, l'engouement gagne la province, malgré le prix exorbitant des graines de café : de quarante à soixante livres le cent, selon la provenance. Sans compter le coût de l'attirail indispensable à sa préparation : poêlon à torréfier, mortier ou moulin, et, bien sûr, une cafetière et des tasses *ad hoc*. Beaucoup de consommateurs préfèrent donc acheter leur café déjà torréfié et moulu. Une aubaine pour les trafiquants ! On voit bientôt des détaillants peu scrupuleux mélanger à la précieuse poudre de la farine de fèves.

La polémique médicale n'est pas moins vive concernant le café. Nombre de praticiens lui reprochent d'altérer l'haleine et... les organes de la génération.

ÉCREVISSES À LA NAPOLITAINE *(Le Cuisinier gascon)* Vous avez des écrevisses toutes vives sans éplucher. Vous les fendez de la tête à la queue, vous les mettez dans une casserole avec échalotes, persil et ciboule hachée, deux gousses d'ail entières, de l'huile, sel et poivre. Étant prêt à servir, vous les passez sur un fourneau vif et les mouillez d'un verre de vin de Champagne et les laissez bouillir.
Étant finies de bon goût, vous les arrangez dans leur plat, leur sauce dessus. Un jus de citron et servez.

FILET DE MOUTON À LA VÉNITIENNE *(Le Cuisinier gascon)* Vous avez un filet de mouton bien mortifié. Vous le parez de toutes ses filandres, vous le creusez dans le milieu comme une calonière*. Vous avez persil, ciboule, échalotes, champignons et ail hachés que vous mêlez avec lard râpé et huile. Assaisonnez. Vous emplissez le filet de cet appareil. Étant plein, vous le mettez à mariner avec le reste de cet appareil, et le faites cuire à la broche enveloppé de papier. Étant cuit, vous le dressez dans son plat, une sauce pointue dessous, et servez.

LASAGNES AU BEURRE *(Le Cuisinier gascon)* Vous faites une pâte à rissole. Vous l'étendez sur une table et vous la coupez par morceaux larges et longs comme la main, et les arrangez sur une nappe jusqu'à ce que vous les fassiez cuire.
Vous avez une casserole d'eau bouillante. Vous jetez un peu de sel dedans et votre pâte morceau à morceau. En mettant le dernier morceau, vous l'ôtez de dessus le feu et y mettez de l'eau fraîche.
Vous faites un bord au plat que vous voulez servir, de pâte brisée de la hauteur de deux doigts, et vous faites cuire à moitié.
Ensuite, vous avez du fromage râpé et du beurre frais que vous faites fondre. Vous faites un lit de pâte dans votre plat, un lit de beurre et un lit de fromage râpé. Vous en faites plusieurs lits jusqu'à la hauteur que vous jugez à propos. Vous arrangez les morceaux de pâte les uns après les autres, y mettant en finissant du beurre et du fromage par-dessus, et le mettez au four. Il faut que cela cuise une heure et demie. En le tirant du four, vous le servez chaudement.
Vous pouvez, en gras, mettre, de lit en lit, jambon coupé mince, moelle de bœuf et lard râpé, et, si vous voulez, persil, ciboule, truffes et champignons hachés bien menu, que vous arrangez de même que la pâte et le fromage râpé.

VEAU À LA PIÉMONTAISE *(Le Cuisinier gascon)* Vous prenez un beau quasi de veau selon la grosseur que vous le voulez. Vous le piquez de gros lard et jambon, assaisonnez de fines herbes hachées. Étant lardé vous le mettez à cuire dans une terrine comme du bœuf à la vieille mode, avec épices, fines herbes, et nourri de morceaux de veau aux côtés, quelques gros oignons. Étant cuit, vous le retirez et le dressez dans son plat, les oignons autour, la sauce bien dégraissée et claire dessus. Et servez.

CAFÉ *(d'après Nicolas de Blégny)* Mettez la poudre de café dans la cafetière lorsque l'eau commence à bouillir. Remuez, et faites bouillir environ la troisième partie d'un quart d'heure. L'idéal est de chauffer la cafetière sur un fourneau d'argent où brûle de l'eau-de-vie rectifiée.
Les proportions sont d'une demi-once de poudre pour six prises de boisson. Laissez l'infusion se reposer un peu hors du feu, pour que le marc retombe, et versez lentement dans les tasses. Vous pouvez accélérer le processus en précipitant en jet quelques gouttes d'eau froide dans la cafetière quand vous la retirez du feu. Pour chaque prise, vous mettrez une demi-cuiller de sucre en poudre.
Ajouter de l'essence d'ambre, des poudres, telles que cannelle, girofle, cardamome, des parfums et autres drogues, tue le bon effet du café.
Il est d'usage de boire le café sur des soucoupes de cristal, de porcelaine ou de faïence de Hollande mais, plus ordinairement, sur des porte-chiques qu'on appelle « cabarets à café ».

GÂTEAU À L'ITALIENNE FRIT *(Le Cuisinier gascon)* Vous avez un gros feuilletage. Vous en faites des abaisses comme pour des petits pâtés. Entre deux abaisses, vous mettez marmelade d'abricots, crème et autres choses. Vous fondez bien les deux abaisses et vous les faites frire au saindoux et les glacez, et servez.

CHOCOLAT *(d'après Nicolas de Blégny)* On fabrique cette boisson dans un récipient spécial, nommé « chocolatière », dont le couvercle est percé pour laisser passer le moulinet de bois de buis.
Vous mettez deux tiers d'une once* de chocolat râpé ou découpé et pareille quantité de sucre. Vous laissez bouillir le tout environ un demi-quart d'heure jusqu'à ce qu'il mousse.
Certains ajoutent des jaunes d'œufs crus pour mieux faire mousser.
Mais Monsieur de Blégny pense, quant à lui, que cela rend la boisson indigeste et dégoûtante.

4

BANQUET À CADILLAC

La nomination de d'Artagnan au service de Mazarin lui ouvre les portes des cuisines du palais royal. Dorénavant, il a « bouche à cour », comme on dit alors. C'est toujours ça de pris ! Car les écus sonnants et trébuchants de sa solde, notre Gascon les voit rarement : le cardinal – qui pratique une politique que nous qualifierions, en langage moderne, de rigueur et d'austérité –, n'hésite pas à amputer le budget imparti aux serviteurs de son ministère chaque fois que nécessaire.

Et cela se révèle souvent nécessaire ! Mois après mois. Année après année. Pendant toute la jeunesse de Louis XIV.

Pendant six ans, la France s'est trouvée en quasi-guerre civile. Parlements, princes et provinces n'ont cessé de se révolter contre la régente et Mazarin. Au premier rang des villes rebelles, Bordeaux. Le mouvement de l'Ormée, révolutionnaire avant l'heure, sévira sur les bords de la Garonne jusqu'en 1653. Le 3 août de cette année-là, le procureur bordelais Dureteste, chef de la rébellion, est enfin pris par les troupes du roi. Son exécution signe l'arrêt des « frondes ».

Mazarin, qui avait été contraint de fuir le pays, peut revenir à Paris.

Dès son retour, il va témoigner sa reconnaissance à d'Artagnan. En effet, le mousquetaire lui est demeuré indéfectiblement fidèle. C'est lui qui l'a aidé à obtenir l'asile politique à Brühl, en Allemagne, et qui lui a servi d'agent de liaison auprès de Colbert ou de Fouquet, loyalistes eux aussi. En récompense, notre Gascon reçoit la charge de capitaine aux gardes. Avant d'être nommé sous-lieutenant des Grands mousquetaires du roi.

C'est en cette qualité qu'il aura l'honneur d'escorter le souverain dans le Sud-Ouest, au printemps 1659.

Officiellement, le jeune Louis XIV s'en va accueillir, sur la Bidassoa qui sert de frontière entre notre pays et l'Espagne, sa fiancée, l'infante Marie-Thérèse. Mais son voyage a également des mobiles politiques. Le roi, à présent majeur, entend affirmer sa puissance à ses sujets des pays d'oc, si turbulents d'ordinaire. L'étape à Bordeaux est hautement symbolique. Bordeaux caresse de vieilles nostalgies d'autonomie. Elle n'a jamais oublié qu'elle fut naguère capitale du royaume anglais de Guyenne, de 1154 à 1353. Elle n'a jamais vraiment fait allégeance aux gouverneurs choisis par le pouvoir royal. Et, à la première occasion, la Fronde en l'occurrence, elle s'est empressée de chasser le duc d'Épernon, son actuel gouverneur.

Le Roi-Soleil a mal vécu l'affront. Sur le chemin de l'Espagne, il s'arrêtera donc à Cadillac-sur-Garonne, chez Bernard d'Épernon.

Le chroniqueur Loret a laissé une description piquante de la réception :

« À Cadillac, lieu de plaisance
Des plus pompeux qui soient en France,

Jan Jansz de Heem
(1650 - 1695)
Nature morte à la coupe de vermeil
Edimedia

Et certes la fleur des châteaux
À trente stades de Bordeaux :
Auquel lieu rare et magnifique
On fit chère angélique
Qui seigneurs et dames ravit.
Et voici ce qu'on y servit :
Outre la plus grosse viande
Dont l'abondance y fut fort grande,
Outre les aulx et les oignons,
Les truffes et les champignons.
Outre plus d'octante potages,
Outre plus de cent bons fromages,
Outre plus de trente jambons
Que les pages trouvèrent bons,
Boudins, cervelas et saucisses
Qui des buveurs sont les délices.
Outre massepains et biscuits
Et quantité d'excellents fruits,
On servit sur six ou sept tables,
Où mangèrent les plus notables,
Tant Majestés que courtisans,
Quatre cents perdrix, cent faisans,
De tourtes neuf ou dix centaines,
D'ortolans cent trente douzaines,
Cent accolades de lapins
Dont n'en resta pas deux lopins,
Neuf cents cailles, cent gélinottes,
De levrauts plein quatorze hottes,
Et de plus y furent comptés
Trois cent dix ou douze pâtés,
Tous bien cuits et de bonne grâce,
Sur qui l'on fit si bien main basse
Qu'il n'en demeura pas, dit-on,
De quoi repaître un marmiton. »

Le voyage sur les rives de la Garonne est l'occasion, pour Louis XIV et ses courtisans, de découvrir produits et gastronomie du Bordelais.

LES HUÎTRES

Première surprise pour le monarque : les huîtres. Ou plutôt la façon de les manger ici. Crues !

Les contemporains du Roi-Soleil se montrent fort friands d'huîtres. Si l'on en croit le philosophe Saint-Evremond, près de quatre mille « vendeurs à l'écaille » officient, à l'époque, dans la capitale. Cependant, la saison de l'huître fraîche y est fort

courte. Les transports restent incertains, la réfrigération à base de neige stockée dans les glacières souterraines problématique. Les trois quarts de l'année, on ne trouve aux halles de Paris que des huîtres en conserve, mises en baril sur les lieux de production, comme les harengs. Elles sont consommées frites, marinées ou cuites en sauces.

Sur les côtes de l'Atlantique au contraire, et à Bordeaux en

Banquet à Cadillac

ENTRÉES :
HUÎTRES FRAÎCHES
CHEVRETTES
HUÎTRES AU GRATIN
ALOSE RÔTIE À LA SAUCE D'OSEILLE
ESTURGEON À LA CENDRE
LAMPROIE À L'ÉTUVÉE
FAISAN À LA BROCHE
PERDRIX SAUCE À L'ESPAGNOLE
PRUNES CONFITES

Boissons

VINS DE BORDEAUX ROUGES ET BLANCS

particulier, on peut déguster des huîtres fraîches à longueur d'année, avec du pain et du beurre.

D'après les contemporains de d'Artagnan, les meilleures huîtres sont celles du Médoc, talonnées par les huîtres de Marennes, que l'on commence à affiner en claires.

LES POISSONS DE LA GARONNE

La « Clie », le fameux marché aux poissons de Bordeaux, recèle encore bien des trésors.

Aux alentours de Pâques, les étals se couvrent d'aloses, appelées « colacs » en Gascogne. Le colac de la rivière de Garonne est « un excellent manger », affirme Joseph du Chesne. À condition de l'arroser de sauce verte ou d'oseille, pour neutraliser ses arêtes. La « gate », ou « gatte », lui ressemble à s'y méprendre, mais c'est « un poisson plein d'arêtes et qui n'a pas la chair si ferme ni si savoureuse que le colac ».

De mars à la fin septembre, on peut acheter de l'esturgeon, dit ici « créac ». Au XVIIe siècle, l'esturgeon pullule dans l'estuaire de la Gironde. Il « remonte dans les eaux douces comme est la Garonne », explique du Chesne. Il pouvait ainsi arriver jusqu'aux portes d'Agen : l'histoire locale a gardé le souvenir d'une pêche miraculeuse qui défraya les annales de Port-Sainte-Marie, en juin 1604. D'autres chroniqueurs parlent de créacs de plus de trois mètres de long, et atteignant les trois cents kilos !

La saison de la lamproie est plus courte : février-mars. Après, la lamproie se « corde », c'est-à-dire qu'elle se durcit longitudinalement : elle n'est alors plus bonne à manger. « La lamproie est assez semblable à l'anguille mais elle est plus grosse. Il y en a de deux sortes qui sont également en usage dans les aliments, celles de mer et celles de rivières, mais les premières, si elles ne sont pas si attachées à la mer qu'elles n'en sortent quelquefois, sont ordinairement plus petites [...]. Il faut les choisir grasses et préférer le mâle à la femelle parce que la chair en est plus ferme et de meilleur goût. C'est un aliment qui nourrit beaucoup mais qui est difficile à digérer et qu'on croit nuisible aux goutteux et aux graveleux », précise l'auteur de *La Science du maître d'hôtel*.

Citons encore les barbeaux, que l'on cuit en Gascogne avec leur foie, ce qui leur confère une amertume comparable à celle de la bécasse. Les merlus que l'on frit ici avec un peu d'oignon et de la moutarde. Et les chevrettes, ces crevettes pâles de la Gironde, que du Chesne dépeint comme « de petites écrevisses qui ont de petits pieds, et la coquille fort tendre ».

Les fruits d'Aquitaine

L'abondance des fruits ne manquait pas non plus d'étonner les étrangers. Le précieux du Chesne en a laissé un catalogue admiratif.

En premier lieu, la figue. « Ce fruit aime un air contempéré, tel que celui de Gascogne. Toutes les vignes sont pleines de petits figuiers, l'ombre desquels ne nuit point aux raisins. Il y en a d'infinies sortes, des blanches, des noires, vertes, pourprées, rougeâtres, pâles et entremêlées de

diverses couleurs. Les meilleures sont celles qui se crevassent par le dessus, qui ont la chair la plus grasse et aussi douce que le miel et qui sont au demeurant fort savoureuses et délicieuses au goût. On engraisse les pourceaux desdites figues tant il y en a en abondance. »

On trouve « mêmement en abondance » des grenades, dont le jus sert alors à accompagner rôtis et gibiers. Il y en a « de douces, d'aigres et de vineuses, dont en pressant les grains on fait du vin en certains lieux qu'on réserve assez longuement dans des bouteilles ou flacons de verre ».

Les prunes du Sud-Ouest peuvent rivaliser avec celles de Brignoles, en Provence. « Il y a une petite ville en Gascogne près de Montauban nommée Saint-Antonin, le terroir de laquelle produit ces prunes noires aigres-douces, qu'on transporte en diverses régions, et est presque incroyable du grand trafic qui s'en fait en ce terroir et aux environs. »

Le pruneau était déjà renommé. Les prunes étaient mises à sécher dans des fours à pain, ou confites sur des claies. Les grands marchés du pruneau étaient Caussade, Réalville et Lafrançaise. Parmi les principaux clients, les armateurs hollandais, qui appréciaient sa valeur énergétique lors des voyages au long cours.

Quant aux poires « de bon chrétien d'Auch, [elles] sont si excellentes qu'on croit qu'il est impossible d'en trouver de si bonnes dans toute l'Europe, et c'est une chose étrange à voir que celles qu'on cueille à dix pas hors de la ville diffèrent, comme de la nuit au jour, de celles qu'on a dans l'enceinte des murailles », avoue François-Savinien d'Alquié, dans *Les Délices de la France*. La cour du Danemark, les tsars de toutes les Russies en réclament, et jusqu'au pape qui les juge « divines ». Est-ce pour cette raison que la poire a eu les honneurs de la cathédrale d'Auch ? : un des célèbres vitraux du lieu représente en effet une poire du cru, verte et ventrue !

HUÎTRES AU GRATIN *(Le Cuisinier gascon)* Vous avez des huîtres ordinaires que vous faites blanchir. Ensuite vous les jetez dans une sauce faite exprès, qui soit un peu liée. Vous faites une farce délicate avec quelques huîtres, beurre de Vanves, assaisonnement ordinaire. Vous la finissez de bon goût et l'étendez dans le fond du plat. Vous arrangez vos huîtres dessus et nappez avec la sauce des huîtres. Panez-les légèrement, et mettez-les au four prendre couleur. Étant cuites, vous égouttez le beurre, y mettez une sauce liée tout autour du plat, et servez.

ALOSE RÔTIE À LA SAUCE D'OSEILLE *(L'Art de bien traiter)* Videz votre alose par l'ouïe. Jetez les œufs si elle est œuvée. Lavez-la à plusieurs eaux. Écaillez-la avec soin. Relavez, égouttez, essuyez entre deux linges. Vous lui ferez des taillades dessus et dessous. Saupoudrez-la de sel menu partout. Faites cuire à petit feu sur le gril. Éventez afin que la graisse n'éteigne pas le charbon. Retournez souventefois, afin que la cuisson soit égale et jusqu'à l'arête. Servez chaud, garnie de quantité d'oseille.

ESTURGEON À LA CENDRE *(La Science du maître d'hôtel)* Lardez une tranche d'esturgeon avec des lardons de lard assaisonné de persil, ciboule, échalotes hachées, sel, fines épices. Foncez une casserole de veau et de jambon. Mettez l'esturgeon dessus, couvrez de bardes de lard, ajoutez un bouquet de persil, ciboule, une gousse d'ail, trois clous de girofle, thym, laurier, basilic. Couvrez la casserole d'une feuille de papier puis d'un couvercle. Faites suer sur de la cendre chaude, feu dessus et dessous. Un quart d'heure après, mettez-y un demi-setier* de vin de Champagne. Faites cuire à petit feu. Ensuite, retirez l'esturgeon pour le dresser dans le plat que vous devez servir. Mettez dans la casserole du blond de veau, un peu de bouillon, faites bouillir et dégraissez. Passez la sauce au tamis. Mettez-y un jus de citron. Servez sur l'esturgeon.

LAMPROIE À L'ÉTUVÉE *(La Science du maître d'hôtel)* Prenez une lamproie que vous limonez dans de l'eau chaude. Ôtez-en la tête et mettez le sang à part. Coupez-la par tronçons. Vous faites un petit roux de farine avec du beurre. Mouillez avec une chopine* de vin blanc, du bouillon. Ajoutez un bouquet de persil, des ciboules, une gousse d'ail, trois clous de girofle, thym, laurier, basilic et des petits oignons blancs blanchis. Faites cuire à moitié. Mettez après les tronçons de lamproie, du sel et du gros poivre. Faites cuire et réduire à courte sauce. Mettez-y un anchois haché, des câpres fines entières et le sang de la lamproie. Faites lier sur le feu. Servez garnie de croûtons frits.

Faisan à la broche *(La Science du maître d'hôtel)*

Flambez un faisan que vous épluchez et videz. Farcissez-le de son foie, lard râpé, persil, ciboule, échalotes hachées, sel, gros poivre, deux jaunes d'œufs. Mettez cette farce dans le corps. Passez le croupion dans la boutonnière. Arrêtez-le en le cousant avec une ficelle. Cousez aussi le côté de la poche. Faites refaire dans du beurre et cuire à la broche enveloppé de lard et de papier. Servez avec un ragoût de laitances de carpes à la sauce à la carpe, ou avec un ragoût de truffes, ou encore avec un ragoût d'olives.

Perdrix sauce à l'espagnole *(Le Cuisinier gascon)*

, Il faut faire rôtir vos perdrix. Étant rôties, prenez-en une et pilez-la bien dans le mortier. Après, il faut passer cela avec de bon jus. Il faut aussi avoir pilé les foies des perdrix, quelques morceaux de truffes, le tout bien passé avec de bon jus, en sorte que le coulis soit un peu lié.

Remettez le tout dans un plat. Prenez une casserole avec deux verres de vin de Bourgogne, une ou deux gousses d'ail, deux ou trois tranches d'oignon, un peu de clous de girofle. Des deux verres de cette sauce il faut qu'il n'en reste qu'un. Si le plat est grand, augmentez davantage de vin et de coulis. Votre sauce étant cuite, passez-la par un tamis dans une casserole. Versez-y le coulis dedans, le tout bien assaisonné. Mettez-y un peu d'essence de jambon, et faites cuire le tout ensemble. Dépecez vos perdrix et mettez-les dans la sauce et tenez-les chaudement. Auparavant que de servir, il y faut presser deux ou trois oranges.

Prunes confites *(Le Théâtre d'agriculture)*

Après que vous aurez pelé des prunes, comme perdigones, impériales, royales et autres exquises, et tenues au soleil un couple de jours, étant encore humides, les saupoudrerez avec du sucre, les remettrez au soleil pour un jour, leur redonnerez du sucre, les retournant de tous côtés, afin que partout elles s'en sentent ; finalement les logerez dans des boîtes, pour y boire leur sucre, à la charge de les visiter souvent, pour les éventer et faire achever de sécher, afin qu'elles ne se moisissent.

LES CUISINES DE GASCOGNE

De Bordeaux à Marseille, via Cadillac, Bazas, Casteljaloux, Nérac, Lectoure, Mauvezin, l'Isle-Jourdain et Toulouse, Louis XIV poursuit son tour du sud de la France, escorté par les Grands mousquetaires de Charles de Batz-Castelmore, seigneur d'Artagnan. La petite troupe passe l'hiver en Provence. Avant de regagner la Gascogne au printemps 1660.

Notre héros va enfin revoir sa terre natale, après trente ans d'absence. Son bonheur se double d'un sentiment de légitime fierté. La compagnie qu'il commande est la troupe d'élite du royaume, placée sous les ordres directs du souverain. Cent cinquante hommes de guerre triés sur le volet, qui jouissent de prérogatives identiques à celles dont bénéficient les officiers domestiques du roi. Ils ont en particulier le privilège de précéder tous les autres régiments de gardes.

Et ils ont bien belle allure, les Grands mousquetaires, lorsqu'ils caracolent devant le carrosse du Roi-Soleil, deux par deux, sur leurs montures gris pommelé, aux longues queues nattées qui balaient la poussière des chemins. À leur tête, d'Artagnan, vêtu d'azur et d'argent. Le costume de notre Gascon à l'apogée de sa carrière, on peut l'imaginer grâce à la relation du *Voyage en France*, de Sébastien Locatelli. Coiffé d'un chapeau à panache recourbé, il porte un justaucorps de camelot bleu, garni de broderies d'argent. Par-dessus, une casaque de drap bleu, brodée d'une tresse d'argent formant, sur le dos et la poitrine, deux croix entourées de rayons brodés en or, avec le chiffre du roi. « Ces croix ont à peu près la forme de celle des chevaliers de Malte », précise Locatelli. Quant à la housse du cheval de notre mousquetaire, elle est de couleur zinzolin, autrement dit violacée, avec quatre soleils brodés en argent aux quatre coins, « parce que le roi a pour devise un soleil avec la légende *Unique*

solus ». Après s'être arrêté à Auch, le cortège royal fait une entrée solennelle à Vic-Fézensac, le 25 avril, à quatre heures de l'après-midi. Les consuls prononcent les harangues d'usage, et, bien entendu, ne manquent pas de saluer la présence, aux côtés du monarque, de leur compatriote, « le sieur d'Artagnan » !

Le lendemain, tandis que souverain et courtisans s'adonnent à une grande chasse sur les coteaux d'Armagnac, le mousquetaire pique des deux vers Castelmore, distant d'une lieue environ.

On devine son émotion en retrouvant le manoir, en pénétrant dans la cuisine enfumée, en buvant un verre de piquepoult avec deux de ses frères : Paul, son aîné, aujourd'hui gentilhomme campagnard, et Arnaud, devenu curé de Lupiac.

Une émotion mêlée de douleur étreint notre héros.

La *Relation véritable des choses les plus mémorables passées en la Basse-Guyenne depuis le siège de Fontarabie, qui fut en l'an 1638, et particulièrement des désordres et troubles arrivés aux sièges de Saint-Sever, Tartas, Ax ou Dax depuis ledit jour*, écrite par Henri de Laborde Péboué de Doazit, donne une idée de l'état de la Gascogne à l'époque. Deux mots reviennent, à chaque page, comme un leitmotiv : « grande pauvreté ».

La misère, familière à la jeunesse de d'Artagnan, sévit toujours. Les soldats royaux envoyés mater les frondeurs du Sud-Ouest ont vécu, des années durant, sur le pays. « Le peuple pâtit grandement », « tout le monde crie à la misère », « nous sommes à la grande faim », ces expressions se répètent de paragraphe en paragraphe dans le journal de Laborde Péboué :

« *Ô glorieuse Bierge Marie mère de Dieu, qui avez du crédit auprès de mon Seigneur Jésus Christ boustre fils* », supplie l'auteur, dans son sabir d'oc et d'oïl. « *Ô Notre-Dame, monstrez, monstrez à mon Saubur Jésus Christ les mamelles avec lesquelles vous l'avez allaité, et par ce moyen bous obtiendrez pardon et miséricorde pour nous !* »

Autant le repas ordinaire du paysan ou du hobereau gascon peut être monotone, autant fêtes et cérémonies religieuses sont prétexte à agapes, bombances sinon orgies, exutoires aux privations trop habituelles.

La visite d'un souverain, si exceptionnelle, est bien une occasion de fête par excellence. Elle s'apparente à une célébration sacrée en ce siècle où la monarchie de droit divin est à son apogée. Elle tient aussi du spectacle. L'escorte du Roi-Soleil, c'est un peu le cirque *Barnum* en tournée. Une foule accompagne le monarque : courtisans, gentilshommes, médecins, artistes, mousquetaires, gardes,

serviteurs et autres palefreniers. Et, à quelques jours, à quelques lieues, suivent les cortèges de la reine mère et du cardinal. Les compagnies personnelles de Mazarin ne comptent pas moins de cent gardes et trois cents mousquetaires !

Les villes qui les reçoivent doivent se livrer à une véritable razzia dans toute la province. « Après ce passage, les viandes seront fort rares », prévoit le chapitre de Dax.

On cherche les produits les plus précieux, on prépare les recettes les plus sophistiquées, on met les petits plats dans les grands, sans souci du gaspillage ni de la dépense...

L'OIE ET LE FOIE GRAS

L'animal roi de la basse-cour gasconne, c'est l'oie, qui « n'a rien ni en dehors ni en dedans qui ne soit utile à quelque usage », comme le souligne Joseph du Chesne. N'utilise-t-on pas jusqu'à sa fiente, qui, « recueillie au printemps, quand l'oie mange de l'herbe, desséchée, pulvérisée et détrempée avec du vin blanc, est un prompt, assuré et approuvé remède pour les jaunisses ». Quant à ses plumes, elles sont bonnes « non seulement pour coucher mollement mais bien pour servir à écrire et à immortaliser les personnes ! », ajoute notre médecin, non sans humour.

« L'usage de l'oie domestique est fort commun en Gascogne, car il y a tel gentilhomme qui en a trois ou quatre mille de rente. Elles se soûlent de grains dans les aires où on bat le grain tout à découvert le long de l'été. C'est où elles s'engraissent de sorte qu'elles ont plus de deux doigts de graisse. On les fend par la moitié en les sale-on. On s'en sert étant fraîchement salées aux meilleures tables et les fait-on même rôtir par quartiers. Mais l'ordinaire est de les manger bouillies avec la moutarde. C'est une viande qui dure tout l'an, voire on les garde salées plusieurs années tant qu'elles s'en racissent. Un seul petit lopin de

Marchés et mets de Gascogne

HÂTELETS DE FOIE GRAS
MAUVIETTES* AU GENIÈVRE AU GRATIN
BÉCASSES RÔTIES
POULETS À LA PARDAILLAN
OISONS RÔTIS
CUISSES DE POULARDE À LA GASCOGNE
LAPEREAU EN MATELOTE
FRUITS DE GASCOGNE

Vins

VINS DE LA RÉGION : TURSAN, CHALOSSE, ET PIQUEPOULT DES LANNES

Liqueur

ARMAGNAC

la dite oie vieille cuit avec des choux fait un blanc épais et bon potage dont les villageois et pauvres gens se repaissent com munément. »

Mais « la partie la plus requise de la bête », c'est le foie. Sous forme de foie gras. « À la mi-octobre, les oies destinées à engraisser sont légèrement plumées entre les jambes et les cuisses, puis enfermées en lieu étroit auquel comme prisonnières elles ne puissent beaucoup cheminer, pour laquelle cause aussi sera-t-il choisi obscur, dont seront-elles contraintes à séjourner toujours en même lieu. À faute de lieu obscur, l'on crève les yeux aux oies : lesquelles quoique aveugles ne laissent de manger et prendre elles-mêmes la viande pourvu que ce soit en endroit qu'auparavant elles aient accoutumé une fois ou deux seulement. Davantage sera le lieu chaud, étant les vents et froidures entrant en leur logis fort contraires aux oies pour prendre graisse. »

On obtient un meilleur gavage avec la farine de froment et d'orge, trempée d'eau chaude et mélangée de miel et de figues. Un tel régime « les fait tôt abonder en graisse, leur fait devenir la chair blanche et avoir le foie gras ».

Le gibier

La chasse était l'apanage des nobles. Les roturiers n'avaient le droit de détenir ni armes à feu ni chiens de chasse, ni faucons ni furets, ni pièges ni filets. Mais la répétition des ordonnances royales prouve que le braconnage était fréquent. Le Roi-Soleil avait fini par abroger un édit d'Henri IV, datant de 1601, qui prévoyait la peine de mort à l'encontre de tout récidiviste pris en train de chasser la grosse bête dans les forêts royales.

« Pluviers, tourdes, alouettes, et mille autres oiseaux servent de mets ordinaires à la Gascogne et autres provinces de cet État », écrit François-Savinien d'Alquié dans ses *Délices de la France*. « La venaison y abonde soit pour les lièvres, les perdrix, les cerfs ou les sangliers. C'est dans ce pays où l'on se sert le mieux de la pantène pour prendre toutes sortes d'oiseaux de passage, invention qui leur réussit si bien qu'ils remplissent presque toute la province de toutes sortes d'oiseaux de passage et les donnent presque pour rien tant il y en a. »

Chapelle et Bachaumont, eux, gardent un souvenir ému des orto-

lans, tourterelles, cailles et autres perdrix rouges que leur avait fait mitonner le sénéchal d'Armagnac, Monsieur de Fontrailles dans sa résidence de Castillon-Savès. Quant à François Chateaunières de Grenaille, il prétend que les lièvres de Landes du Médoc sont « non seulement si hardis qu'ils courent après les lévriers, mais aussi si légers que vous les diriez voler plutôt que courir par ces grands sables, et s'il leur déplaît de se paître à couvert au pied des arbres, qu'ils montent à la cime et même font là leur gîte » !

Parmi les autres gibiers recherchés, le sanglier et le cerf. La hure de sanglier constituait un mets de choix à la table des seigneurs. Du cerf, on goûtait surtout le « cimier », c'est-à-dire la pièce de viande sur le quartier de derrière de l'animal. On mangeait aussi le bois des jeunes cerfs, coupé en rondelles et frit dans la graisse.

L'ARMAGNAC

L'alcool roi de Gascogne, et de France, sans chauvinisme ! c'est l'armagnac. Les documents attestent la présence d'alambics dans la province dès le début du XVe siècle. Plus précisément, la première mention se trouve, semble-t-il, en 1489, dans l'inventaire des biens d'un prêtre de Solomiac, dans notre actuel département du Gers.

Mais, au Moyen Âge, l'eau-de-vie, *l'agua ardente*, était un médicament, prescrit sur ordonnance et vendu dans les apothicaireries, uniquement. Les *Recettes alchimiques* d'Auch ne recensaient pas moins d'une trentaine de cas où elle était réputée souveraine.

Il faudra attendre les années 1600 pour la voir promue boisson à part entière. Les poètes ne cesseront plus alors de vanter ses louanges. Salluste du Bartas, le chantre de la Gascogne, y fera lui aussi allusion, dans son ode de *La Création du monde*.

Responsable de cette explosion ? Bordeaux d'abord. Les pri-

vilèges dont bénéficie le Bordelais pénalisent en effet sévèrement les vins de haut, mal vendus, et à bas prix, sur les quais du Port de la Lune. Les viticulteurs des terres de l'intérieur songent à arracher leurs vignes et à se reconvertir dans les fruits. Lorsque les Hollandais leur donnent une nouvelle chance, à la fin du XVIe siècle.

De drôles palais, ces gens du Nord ! Ils apprécient les vins doux et liquoreux plus que les grands crus. Plutôt que d'acheter des médoc ou des graves, d'ailleurs déjà fort chers à l'époque, ils font provision de petits vins des coteaux gascons qu'ils mélangent, sucrent et alcoolisent à loisir avant de les revendre aux amateurs d'Amsterdam. Pour satisfaire ces clients si particuliers, les vignerons locaux se lancent dans la production massive de « brandevin », mot dérivé du néerlandais *brandewijn*. On va jusqu'à brûler le « vin pourri », comme on dit alors.

En 1649, le sieur Thomas de Maniban, propriétaire du château du Busca, près de Condom, construit une des premières grandes distilleries « industrielles » de la région. Une initiative vite copiée, on s'en doute, par nombre de seigneurs voisins. Le journal de Henri de Laborde Péboué de Doazit y fait de nombreuses références, et rapporte plusieurs anecdotes pittoresques. Ainsi cet incident, dans les années 1660, survenu à Saint-Aubin, où « six chaudières brûlaient sans cesse ». Il advint qu'un beau matin ces chaudières s'arrêtèrent toutes les six ensemble. Les techniciens, mandés en urgence, y perdirent leur latin – ou leur gascon. En désespoir de cause, on eut l'idée de recourir au curé du village. Lequel baragouina quelques formules d'exorcisme. Efficaces, puisque aussi sec les six chaudières se remirent à fonctionner, parfaitement !

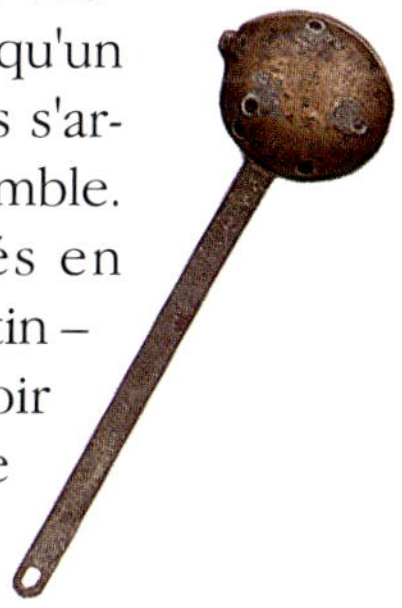

À l'époque de d'Artagnan, les « eaux-de-vie d'Armagnac » assurent la prospérité des ports fluviaux de Mont-de-Marsan, Dax, Saint-Sever ou Lavardac, et une part non négligeable du commerce des grands ports maritimes, Bayonne et Bordeaux. L'eau-de-vie d'Armagnac conquiert les tables du monde entier, jusqu'à celle de l'ambassadeur de Moscovie en 1671. Au point que le nom de production deviendra bientôt un nom générique !

Hâtelets de foies gras *(La Science du maître d'hôtel)*

Coupez par petites tranches bien minces une demi-livre* de petit lard bien entrelardé. Mettez-le à suer dans une casserole sur le feu. Ajoutez des champignons, du persil, des ciboules et échalotes, un peu de gros poivre. Mouillez avec un verre de vin blanc et du blond de veau. Faites cuire une demi-heure. Mettez-y ensuite cinq foies gras blanchis coupés en tranches épaisses. Faites cuire un quart d'heure, de sorte que la sauce soit bien liée. Mettez-y trois jaunes d'œufs. Faites lier sur le feu pour que la sauce tienne après la viande. Prenez des hâtelets d'argent ou brochettes de bois.
Enfilez tous les morceaux de foies et de petit lard. Faites tenir la sauce après. Panez de mie de pain, et grillez de belle couleur. Arrosez légèrement avec de l'huile pour que les foies ne sèchent pas. Servez à sec.

Poulets à la Pardaillan

(Le Cuisinier gascon)

Vous avez des poulets préparés pour mettre à la broche. Vous en ôtez le bréchet et vous avez des foies gras, des petits oignons blancs blanchis et des truffes – les oignons entiers et le reste coupé en gros dés –, pour mettre le tout dans de l'huile avec toutes sortes de fines herbes hachées. Vous en emplissez les poulets et les mettez à cuire à la broche, enveloppés de jambon, lard et feuilles de papier. Étant cuits, dressez dans leur plat, une sauce à l'aspic dessous, et servez de bon goût.

CUISSES DE POULARDE À LA GASCOGNE *(La Science du maître d'hôtel)* Faites blanchir un moment à l'eau bouillante quatre cuisses de poularde. Lardez-les avec filets de jambon et anchois dessalés. Faites mariner les cuisses avec un peu d'huile et du jus de citron. Prenez un morceau de beurre ou du lard râpé que vous mêlez avec persil, ciboule, champignons, échalotes hachées, fines épices. N'ajoutez pas de sel. Abattez une pâte brisée en quatre morceaux de l'épaisseur d'un petit écu. Mettez une cuisse dans chaque morceau avec les fines herbes. Enveloppez-les. Faites cuire au four. La cuisson faite, ôtez la pâte. Dressez les cuisses sur le plat de service. Mettez dessus une sauce à la Gascogne.

MAUVIETTES AU GENIÈVRE AU GRATIN *(Le Cuisinier gascon)* Vous avez des mauviettes que vous videz. Vous en ôtez le gésier, et des boyaux vous en faites une petite farce bien légère de bon goût, qui vous sert à faire votre gratin. Vous faites cuire vos mauviettes dans une braise légère, de bon goût. Étant cuites, vous les égouttez et vous avez votre gratin comme à demi attaché. Vous arrangez vos mauviettes dessus, et les faites attacher tout à fait. Étant prêtes à servir, vous les égouttez, vous les masquez d'une essence, où vous avez jeté du genièvre blanchi dedans, et servez.

L**APEREAU EN MATELOTE** *(La Science du maître d'hôtel)* Coupez un lapereau en six morceaux. Faites un roux avec de la farine et du beurre. Quand il est de belle couleur, passez le lapereau dedans pour le faire refaire. Mouillez avec du bouillon, du vin blanc, un bouquet de persil, ciboule, une gousse d'ail, deux clous de girofle, thym, laurier, basilic, une douzaine de petits oignons blanchis, sel, gros poivre. À la moitié de la cuisson, mettez-y une anguille coupée par tronçons. Faites cuire et réduire à courte sauce, en servant un anchois haché avec des câpres fines entières. Garnissez de croûtons frits. À la place d'une anguille, vous pouvez mettre un autre poisson, la façon est la même.

B**ÉCASSES RÔTIES** *(Le Pourtraict de la santé)* La cuisse de la bécasse est le plus friand morceau. C'est un des seuls gros oiseaux qu'on ne desventre point : ses intestins et le contenu d'iceux étant ce qu'il y a de plus délicieux en elle, qu'on fait tomber dans une rôtie pour la manger.

O**ISONS RÔTIS** *(Le Pourtraict de la santé)* Les oisons se mangent au printemps et au commencement de l'été. On les rôtit et on les farcit d'ordinaire. C'est un délicieux et bon manger quand il est bien gras propre pour engraisser ceux qui sont maigres tant ils sont nourrissants. On fait bouillir à part leurs extrémités comme le col, la tête, les pieds et les bouts des ailes, le foie et le gésier. On nomme cela la petite oie et on la sert avec du vinaigre et un peu de persil. C'est un aiguisement d'appétit et très bon manger.

SAVEURS DU PAYS BASQUE

C'est le 8 mai 1660 que le roi doit faire son entrée dans Saint-Jean-de-Luz. La ville a été décorée de tentures multicolores et d'arcs fleuris, les quais tendus de bannières, les rues jonchées de verdures. Les habitants guettent depuis l'aube au long des venelles étroites. Des grappes de curieux sont agglutinées aux fenêtres. La milice, en pourpoints neufs et bonnets écarlates, armes parfaitement astiquées, forme la haie. La jurade au grand complet attend, au garde-à-vous, sous le soleil déjà chaud. Cependant que les danseurs du pays, les « crascabilaires », répètent le pas national, tambourin dans une main, grelots dans l'autre, bondissant pour la plus grande joie des badauds.

Enfin, paraît l'avant-garde : les mousquetaires de Charles de Batz-Castelmore, seigneur d'Artagnan. Le canon tonne, les cloches tintent à toute volée. Mais ni les salves ni les sonneries ne parviennent à couvrir les vivats de la foule enthousiaste.

« Si Dieu descendait sur terre, il n'aurait pas d'autre garde que celle-là ! », s'exclame l'ambassadeur d'Espagne, émerveillé.

D'Artagnan n'a rien perdu du compliment. Il bombe son torse, « couvert de dentelles » au point de ressembler à « un autel de confrérie », selon le propre aveu de son biographe Courtilz de Sandras. Il savoure d'autant cet instant qu'il a aperçu, au balcon de l'hôtel de Beauvais, près de Mazarin, le gouverneur de Bayonne. Lequel n'est autre que Henri de Montesquiou, son oncle maternel !

Le 9 juin, a lieu la cérémonie nuptiale, dans une débauche d'ors et de pierreries. « Tous les chevaux avaient des plumes et des aigrettes », écrira un courtisan : « Les hommes, les chapeaux, les couvertures, les housses, les habits étaient si couverts de broderies, de plumes et de glands, de harnais dorés, que cela sentait le grand Cyrus à pleine bouche. »

Jamais peut-être le monarque n'a si bien mérité le surnom de « Roi-Soleil » Il rutile dans son costume de drap d'or.

Après la bénédiction donnée par l'évêque de Bayonne, Jean d'Olce, Louis XIV et Marie-Thérèse distribuent aux assistants les « pièces de largesse ». Des louis d'argent, frappés tout exprès, qui représentent côté face le jeune couple royal en apothéose, côté pile la ville de Saint-Jean-de-Luz, arrosée par une pluie d'or.

Les ovations redoublent.

Tandis que les maçons commencent à murer la porte de l'église par laquelle sont sortis les souverains. Par respect pour la Majesté royale, nul ne doit plus désormais en franchir le seuil. Dans les siècles des siècles…

Le voyage en Pays basque, c'est un peu, si l'on nous permet la comparaison, la découverte d'un nouveau continent pour les courtisans de Versailles. « Ce pays-là me parut beaucoup plus beau que la Provence, j'étais ravie de voir des chèvres et des vaches et d'entendre ce que l'on disait, parce que le gascon a bien plus de rapport avec le français (que le provençal). Presque tous les gens du pays l'entendent et s'en servent bien plus familièrement qu'en Provence », écrira Mademoiselle de Montpensier dans ses *Mémoires*.

Séduits par l'exotisme, les seigneurs de l'entourage du monarque sont également agréablement dépaysés par la nourriture. Si naturelle ! Madame de Motteville résume l'opinion générale, quand elle s'exclame, ravie, qu'ici le beurre est « le plus excellent du monde », les fruits « excellents » aussi car « il y a partout des vergers bien plantés », et que la viande y est « délicieuse ».

LA BALEINE

La grande dame incluait-elle la baleine dans le compliment ? Faute de précision, nous l'ignorons. Mais d'autres témoignages prouvent que la chair de ce cétacé constituait un mets de choix à l'époque. Au banquet offert par la ville de Paris à la reine Éléonore, épouse de François Ier, le 3 mars 1571, figuraient en bonne place au menu « cinquante livres de baleine ».

La pêche, ou plutôt la chasse à la baleine, était une spécialité des ports de la Côte basque, Ciboure, Saint-Jean-de-Luz, Capbreton, Vieux-Boucau, Bayonne et Biarritz. Au point que nombre de récits de l'époque pourraient rivaliser avec *Moby Dick*.

À peine les guetteurs perchés dans les tours – les « achalayes » – qui hérissent la côte repèrent-ils une nageoire à l'horizon, que l'alerte est donnée. La nouvelle se répercute par la ville à grands roulements de tambour. Les marins mettent les chaloupes à la mer, et commencent à ramer à toute force, tandis que les harponneurs se calent dans les nacelles accrochées à la proue.

Le corps à corps avec l'animal peut durer des heures. La baleine blessée tente en vain de s'enfuir vers le large, teintant l'écume de flots de sang. Les barques la poursuivent, la cernent. Mais les hommes devront attendre le flux montant pour la ramener au port.

On la dépèce aussitôt. Le partage de la chair se fait au prorata des plaies infligées par chacun des matelots. Nulle contestation

Curiosités basques et espagnoles

BEIGNETS DE MELON
JAMBON DE BAYONNE
HURE DE COCHON
À LA BRAISE
ANDOUILLES À LA CRÈME
BEURRE DU PAYS
TRUITE DU GAVE
AU GROS SEL
OILLE À L'ESPAGNOLE
BEIGNETS BACHIQUES
PÊCHES DE PAU

Boissons

VINS DU PAYS
CIDRE

possible, les harpons sont là, toujours plantés dans la peau, estampillés de marques distinctives.

Seigneur local et autorités ecclésiastiques prélevaient autrefois leur dîme sur cette prise. Le vicomte de Labourd, avait droit au « lard de premier creag ». La langue de la bête revenait au chapitre de Bayonne. Ce morceau, très fin, était rôti à la broche, ou préparé avec des pois comme le lard.

« Lard à pois, lard à pois, baleine !
De crier je suis hors d'haleine
C'est viande de carême ;
Elle est bonne à gens qui l'aiment »,

était d'ailleurs un des plus populaires cris de Paris. Du moins, tant que l'on trouva des baleines sur les marchés de la capitale. Et dans le Golfe de Gascogne, où la dernière baleine fut attrapée, en 1686.

Au début du siècle de d'Artagnan, une livre de chair de baleine valait en moyenne dix sols, le même prix que celui du congre, mais moitié moins que celui du thon.

Les jambons

Seconde « spécialité » du pays, le jambon. Ou plutôt « les » jambons, car il en existe de deux sortes : le jambon basque proprement dit, et le jambon de Bayonne.

Le premier est salé au sel gemme, de Biscous ou d'Aincille, et assaisonné avec le fameux piment d'Espelette séché au four ou au soleil. Henri de Navarre en raffolait tant qu'il s'en fit livrer à La Rochelle durant l'interminable siège de 1573.

Le jambon de Bayonne, lui, est salé au sel de Salies-de-Béarn qui lui confère ce goût si particulier. « Les jambons excellents viennent de Bayonne », affirme pour sa part Furetière, dans son *Dictionnaire universel*.

Les qualités des jambons, basques et bayonnais, venaient certainement des méthodes d'élevage. Les cochons, tenus en semi-liberté, étaient exclusivement nourris de glands. Un an avant la disparition de d'Artagnan, en 1672, Louis de Froidour, col-

laborateur de Colbert aux Eaux et Forêts, envoyé par le ministre inspecter Landes, Basse-Navarre et Soule, rapporte qu'il a trouvé des cochons au glandage à Béhasque et au pays de Mixe. À Lauhiren, aux confins de Sauveterre et de Béarn. Ainsi que vers Béhaune, Lantabat, Irissari, Iholdy, Armandaritz, « les habitants dudit pays faisant à Bayonne un grand débit de leurs jambons ».

Les jambons constituaient des cadeaux fort appréciés. Tout au long de son périple, Louis XIV s'en vit offrir par les diverses municipalités. La ville de Bayonne lui en donna, ainsi que du vin de Capbreton et cent piques aux fers dorés fabriquées par les « faures » bayonnais. Les échevins des communautés de Saint-Jean-de-Luz et Ciboure lui firent présent, quant à eux, de quarante-huit jambons, douze bouteilles de vin carafon et trois de clairet. Les seigneurs de marque de l'escorte du souverain ne furent pas oubliés. Ce furent en tout deux cent quatre-vingt-six jambons qui furent distribués ici, cent aux frais de la municipalité de Ciboure, et cent quatre-vingt-six payés par celle de Saint-Jean-de-Luz.

D'Artagnan reçut six jambons pour lui seul. Ce qui prouve en quelle estime il était tenu !

POMME ET CIDRE

Le fruit basque par excellence c'est la pomme, la boisson nationale le cidre.

Au début du XVIIe siècle, le conseiller Pierre de Lancre, mandaté par Henri IV pour enquêter sur les faits de sorcellerie en Pays basque, constate avec stupéfaction que les femmes ici « ne mangent que pommes, ne boivent que jus de pomme, qui est l'occasion qu'elles mordent si volontiers à cette pomme de transgression qui fit outrepasser le commandement de Dieu et franchir la prohibition à notre premier père ». Du fourneau à l'enfer...

La pomme figure d'ailleurs dans les armoiries de Ciboure, et l'on peut encore voir des chais anciens dans l'actuelle rue Agorette de cette ville.

Une tradition basque veut que ce soit les gens de cette contrée qui aient appris aux Normands à tirer des pommes un breuvage autrefois appelé « pommade ». Les Normands, doit-on le préciser ?, soutiennent la théorie inverse et revendiquent l'invention du « cidre ».

Qu'importe après tout, pourvu qu'on ait l'ivresse, comme le chante le poète Saint-Amant :

« Je ne me puis lasser d'en boire ;
Ma soif renaît en s'y noyant :
Du muscat je perds la mémoire
[...]...Le seul cidre est l'or potable
Que l'alchimie a tant vanté. »

Jusqu'alors considéré comme une boisson de paysans, le cidre va conquérir ses lettres de noblesse sous le règne du Roi-Soleil. Les riches le préfèrent « bien paré, clair, au milieu du vinage ».

Dans le même temps, la pomme fruit gagne, elle aussi, du terrain. De nouvelles variétés naissent dans les vergers de Versailles. La Quintinie sélectionne sept variétés dignes d'être dégustées à la table royale, « soit crues, soit cuites ». À savoir « la reinette grise, la reinette blanche, la calville d'automne, la fenouillet, la court-pendu, l'api et la violette ». « L'api, qui est véritablement une pomme de demoiselle et de bonne compagnie [...] veut être mangée goulûment », précise l'homme de l'art !

MELONS ET PÊCHES

Les melons du Béarn ont de tout temps été réputés. On se souvient de la passion que leur vouait le bon roi Henri IV. Peut-être *lou nouste Henric* regrettait-il plus encore ces fruits de son pays natal que ses palais de Pau ou de Nérac. Il en faisait importer de pleines charretées à Paris, qu'il dévorait à s'en rendre malade. Les pêches de Pau n'étaient pas moins renommées. Elles surpassaient, disait-on alors, toutes les autres variétés : pêche proprement dite, pavie, mirecoton, alemper, groignon, pêche-noix, pêche noire, pêche jaune ou encore auberge ou aubarge... Les amateurs étaient assez passionnés pour savoir infailliblement distinguer la pêche mâle de la pêche femelle ! « La femelle laisse l'os facilement et c'est ce qu'on appelle en Gascogne *persègue* qui a la chair mollasse et douceâtre ; bref qui est beaucoup plus corruptible que le mâle qu'on nomme *persec*. Celui-ci est plus gros que la femelle, beaucoup plus odorant, de couleur rouge vermeil tendant sur l'orangé, ayant la chair plus dure et savoureuse que la femelle », affirme Joseph du Chesne.

TRUITE DU GAVE AU GROS SEL *(La Science du maître d'hôtel)* Prenez une belle truite que vous videz sans l'écailler. Faites partout des petits trous pour y faire entrer des grains de gros sel. Laissez-la une demi-journée dans le sel sans la faire cuire. Vous l'envelopperez après dans une serviette pour la mettre à cuire dans une poissonnière avec une pinte de vin rouge, un morceau de beurre, du bouillon, persil, ciboule, échalotes, une gousse d'ail, trois clous de girofle, thym, laurier, basilic. Faites cuire et servez sur une serviette pour un plat de rôt. On peut remplacer le vin par du bouillon avec un demi-citron coupé en tranches et pelé.

BEIGNETS DE MELON *(Les Délices de la campagne)* Vous les coupez par tranches et les trempez dans la pâte à beignets bien claire, faite avec de la farine de froment, des œufs, du fromage mou, et autres ingrédients. Puis vous les faites frire dans le beurre frais ou le saindoux. Après les avoir retirés de la poêle, Vous les saupoudrez de sel ou de sucre, selon le goût de ceux devant qui vous les servez. Le jus d'orange ou de citron, de verjus ou au moins de vinaigre est la vraie sauce de toutes sortes de fritures.

OILLE À L'ESPAGNOLE *(Le Cuisinier gascon)* Vous prenez des côtelettes de bœuf et queues de bœufs, un combien de mouton, des queues de mouton, une poule, un jarret de veau, un faisan, une perdrix, un pigeon cauchois, un poulet gras, des ailerons de dindon, un lapereau, des cailles, des oreilles de porcs, des pieds de porcs, un cervelas double, un saucisson, du petit lard, un combien de jambon, un demi-litron de gravance, des choux de Milan, et toutes sortes de légumes suivant la saison. Vous y mettez une bonne mignonnette de toutes sortes d'épices douces ; vous y mettes un peu d'huile la meilleure, un peu de safran avec un peu de râpure de pain que vous délayez avec du bouillon pour faire une espèce de liaison pour mettre sur vos viandes selon la cuisson qu'il leur faut. Étant cuites, vous retirez vos viandes, les laissez égoutter et les dresser dans un plat ou *oille* qui doit servir, garni de toutes sortes de légumes par compartiment, et cette espèce de liaison de pain et de safran par-dessus, et servez.

La grevance est une espèce de pois qui est toujours jaune ; vous en mettez par-dessus toutes vos viandes quand elles sont dressées avec cette liaison de pain. Il faut que cette liaison soit bien claire et que le pain ne paraisse point dedans, et servez chaud.

Manière de faire les andouilles de cochon *(Le Cuisinier royal et bourgeois)*

Prenez de gros boyaux de cochon et ôtez-en le gros bout, pour le faire tremper un jour ou deux. Étant bien trempé et lavé, faites-le blanchir dans de l'eau avec un peu de sel et quelques tranches d'oignons et de citron. Vous fendrez ce boyau et vous y mettrez aussi un peu de vin blanc, pour en ôter le mauvais goût. Après qu'il sera blanchi, vous le tirerez dans de l'eau fraîche. Et, l'ayant ensuite porté sur la table, vous le couperez de la longueur dont vous voulez les andouilles.

Vous prendrez du ventre de cochon et en ôterez le gras, et vous couperez cette viande en gros lardons, de la même grandeur que vos andouilles, et vous formerez ainsi avec moitié d'un et d'autre, les assaisonnant comme il faut. Après quoi vous prendrez les chemises, dont on doit ôter le petit boyau de dedans, bien les nettoyer et les faire aussi tremper quelque temps pour en ôter le mauvais goût. Vous les couperez de la longueur de vos andouilles. Et, ayant ficelé les bouts de chaque andouille, vous les passerez proprement dans la chemise pour les en revêtir et les lier.

Quand vous aurez fait vos andouilles, il faut les empoter dans une marmite avec de l'eau, des tranches de laurier, un peu de panne* de cochon, et vous les ferez cuire doucement en les écumant bien, y jetant, après que vous les aurez écumées, ou un deux verres de vin blanc. Vous les laisserez refroidir dans le même bouillon, et vous les tirerez ensuite, en prenant garde de les rompre. Vous les faites griller sur du papier, et vous les servez tout d'un temps.

Beurre du Pays basque *(Le Théâtre d'agriculture)*

Ce beurre, pris sur le lait, est beaucoup plus délicat que celui que, dans d'autres régions, on tire du caillé, du reste grossier et mal plaisant.

Manière de faire le beurre. Ayant tiré le lait, aussitôt le coulera-t-on par un tamis ou linge, blanc et net, pour le décharger de tout immondice, et après le laissera-t-on séjourner dans les terrines vitrées, ou autres vases couverts et bien nets, l'espace de huit à dix heures, au bout desquelles, avec une cuiller on recueillera le beurre qui par tel loisir se sera assemblé au-dessus, puis sera ajoutée au lait la présure pour le cailler et affermir.

Pour longuement conserver le beurre, « ne faut que le saler : mais beaucoup plus délicat se rend-il par le bouillir, tellement qu'ainsi accommodé peu de différence y a-t-il de lui au récent et frais ».

HURE DE COCHON À LA BRAISE *(La Science du maître d'hôtel)* Mettez sur un fourneau bien allumé une belle hure de cochon. Brûlez-en tout le poil. Frottez avec une brique pour ôter le plus gros. Remettez sur le feu pour achever de brûler le reste. Grattez avec un couteau jusqu'à ce qu'elle soit bien propre. Désossez-la des mâchoires auprès des yeux, sans rien ôter de la chair ni de la peau. Lardez toute la chair avec de gros lardons assaisonnés de sel et de fines épices. Mêlez avec ail, échalotes, rocamboles, persil et ciboule. Enveloppez la hure avec un linge et la ficelez. Mettez cuire dans une marmite avec deux pintes* de vin rouge, un citron coupé en tranches, poivre, oignons en tranches, carottes, panais, un gros bouquet de persil, ciboule, ail, thym, laurier, basilic, clous de girofle. Faites cuire à petit feu pendant cinq à six heures. Laissez refroidir dans sa cuisson et servez sur une serviette garnie de persil vert.

ANDOUILLES À LA CRÈME *(Le Cuisinier gascon)* Prenez une fraise de veau appropriée, et coupez-la par filets. Prenez deux livres de poitrine de porc, une oreille, le tout coupé en filets, une poularde cuite à la broche, aussi coupée en filets, une livre de lard en petits lardons, une livre de panne de même. Vous fondez une livre de panne dans une casserole, avec trois oignons en filets. Passez le tout ensemble avec épices, sel, poivre, fenouil en poudre. Vous avez une mie de pain à la crème, vous y mettez huit jaunes d'œufs pour soutenir le tout et mêlez avec vos filets. Vous prenez des boyaux de porc que vous coupez d'un pied de long, vous liez un bout, vous mettez votre appareil dedans, pas trop plein, et liez l'autre bout, pour les faire cuire. Vous les mettez dans une sauce à la sainte-menehould claire et de bon goût pendant quatre heures avec du fenouil. Étant cuites, vous les servez pannées, grillées ou toutes blanches.
Pour faire l'assaisonnement à la sainte-menehould, vous mettez dans une marmite une rangée de bardes de lard, une rangée de tranches de veau et d'oignons, une rangée de bardes, etc. Assaisonnez d'esprit de vin, anis, coriandre, laurier, une chopine de vin blanc, un peu de vif argent. Couvrez de bardes de lard. Mettez à la braise pour faire cuire.

Pêches de Pau *(Le Pourtraict de la santé)* C'est un délicieux manger, ou cru mis en rouelles avec un peu de vin (comme on le sert ordinairement en Gascogne), ou cuit dans la braise et sucré.

Beignets bachiques *(Le Cuisinier gascon)* Dans le temps que la vigne pousse ses bourgeons, vous en prenez les plus tendres que vous accommodez de la longueur que vous voulez. Vous avez une pâte à beignets faite à la bière. Vous les trempez dedans et les faites frire avec saindoux, les glacez et servez.

Cuisson du jambon de Bayonne *(L'Art de bien traiter)* Si le jambon est trop salé, mettez-le à tremper du soir au lendemain en grande eau. Rôtissez la couenne pour la rendre plus délicate. Relavez en eau chaude. Mettez dans un vaisseau de grandeur convenable, enveloppé, si vous voulez, dans un gros linge pour le manier, le retourner et le retirer plus communément. Assaisonnez de fines herbes de toutes sortes : laurier, romarin, thym, oignons blancs, écorces de citron et orange, girofle, poivre long. Ajoutez de l'eau et couvrez. Tenez bien enfoncé dans le bouillon et laissez cuire à petit feu afin que la cuisson pénètre doucement. Au bout de deux heures retournez le jambon. Piquez-le afin de voir si les chairs s'amollissent. Retirez du feu et laissez reposer dans son bouillon jusqu'à ce que ce dernier soit presque froid. Retirez du bouillon et égouttez. Levez la couenne proprement. Mettez entre icelle et le gras du jambon du poivre blanc, du girofle piqué, du persil haché menu, des feuilles de laurier, du thym et du romarin. Servez le jambon entier ou par tranches, bien refroidi, sur un plat garni de fleurs.
Préparez la veille, afin que les chairs aient le temps de se raffermir.

LES RÉGALS DE VAUX

La carrière de d'Artagnan faillit bien être brisée net, le 17 août 1661... au cours d'un souper ! Un festin passé dans l'histoire sous le nom de « régales de Vaux »...

Mais, remontons quelques semaines en arrière. Au printemps, notre mousquetaire a perdu son protecteur Mazarin, décédé le 9 mars. Le cardinal laisse deux dauphins, Jean-Baptiste Colbert, intendant des Finances, et Nicolas Fouquet, surintendant des Finances. Sur qui miser ? Lequel des deux Louis XIV choisira-t-il comme premier ministre ? Question d'autant plus angoissante que les deux hommes, avant de devenir ennemis, s'avèrent des rivaux impitoyables.

« Auquel offrir mes services ? », répète d'Artagnan à son ami Besmaux.

Celui-ci soupire :

« Tu es incorrigible ! Tu as quarante-cinq ans bien sonnés, mordious. Quand cesseras-tu de courir après l'aventure ? Ne peux-tu acheter une bonne charge, qui t'assurera une existence paisible ? »

Le mousquetaire s'étonne de ce langage. Il contemple son compagnon. Il ne le reconnaît pas. Depuis qu'il a réussi à se faire nommer gouverneur de la Bastille, Besmaux ressemble à un pacha turc. Il transpire la suffisance et la richesse. Mais d'Artagnan ne lui envie rien – sauf la jolie et jeune héritière qu'il vient d'épouser ! Vivre sans risque ni aventure, est-ce vraiment vivre ?

Un long silence gêné s'établir. Besmaux cherche à le rompre, le premier :

« Veux-tu tirer à la courte paille ? »

D'Artagnan hausse les épaules : « Mon choix est fait. Fouquet. On

dit que c'est un mécène généreux. Avec lui, peut-être les cailles vont-elles me tomber toutes rôties dans la bouche ? », ajoute-t-il avec un brin d'amertume. Le 17 août 1661, il doit justement accompagner Louis XIV dans le superbe château que le surintendant vient de se faire construire à Vaux, en Île-de-France. Ce sera l'occasion, pense notre mousquetaire, de rappeler à Fouquet le rôle qu'il a joué naguère sous la Fronde, auprès du cardinal Mazarin. De se placer…

« Tout combattit à Vaux pour le plaisir du roi :
La musique, les eaux, les lustres, les étoiles »,

dit La Fontaine.

Jamais, de mémoire de courtisan, on n'a vu pareil luxe ni pareils fastes. Les plus grands créateurs de l'époque ont fait de Vaux un palais somptueux, l'architecte Le Vau, le décorateur Le Brun, le jardinier Le Nôtre. Les plus grands artistes ont été convoqués ce soir-là : un certain Jean-Baptiste Poquelin, dit Molière, directeur de théâtre, a même écrit une pièce exprès, *Les Fâcheux*, pour divertir le monarque. Et, n'oublions pas les meilleurs cuisiniers et traiteurs, sous la direction du fameux maître d'hôtel Vatel !

Les régals de Vaux sont passés à la postérité. Pour leur pompe plus encore que pour les mets préparés. Pour leur cérémonial, exceptionnel. Quatre-vingts tables, trente buffets, cent vingt douzaines de serviettes, cinq cents douzaines d'assiettes d'argent, trente-six douzaines de plats, un service en or massif… En comparaison, les banquets d'Asuérus serait passés pour « gargoteries », raconte le chroniqueur Loret :

« On fut dans de fort riches salles,
Remplir intestins et boyaux,

Non de jambons ni d'aloyaux,
Mais d'infinité de viandes
Si délicates, si friandes,
Y compris mille fruits divers,
Les uns sucrés, les autres verts,
Que cela (chose très certaine)
Passe toute croyance humaine. »

D'Artagnan est ébloui. Oui, c'est là le maître qu'il veut servir.

Il ne remarque pas que Colbert manœuvre vers le souverain, lui parle à l'oreille et que le front de Louis XIV se rembrunit…

Château de Vaux Le Vicomte. Salon des Muses, Thalie muse de la comédie. Charles Le Brun (1619-1690) Edimedia

LE SUCRE

S'il est un aliment de luxe, au temps de d'Artagnan, c'est bien le sucre. Tous les témoignages concordent. Et corroborent ce conte de *L'Heptaméron*, de la plume de la reine Marguerite de Navarre, où l'on voit deux solides gentilshommes, doués d'un appétit à la mesure de leur corpulence, troquer, auprès d'un aubergiste d'Alençon, deux copieux repas contre un minuscule pain de sucre... de la taille du petit doigt.

Car le sucre valait alors une véritable fortune. Comme tous les produits d'importation. Les négociants occidentaux devaient aller jusque dans les possessions turques pour se le procurer, en Crète en particulier. Cette île, appelée « Candie » à l'époque, donnera d'ailleurs son nom à une variété de sucre de canne, le sucre cristallisé. Au coût, déjà onéreux au départ, s'ajoutaient encore d'importants frais de transport et une cascade de taxes. Résultat : le sucre demeura, des siècles durant, inaccessible à la grande majorité des Français. Utilisé en médecine plus qu'en cuisine, il resta longtemps cantonné dans les rayons des apothicaireries. Jusqu'à la fin du XVIe siècle.

Les Européens ont, en effet, acclimaté les cannes dans leurs colonies d'Amérique centrale. Avec succès. L'espagnole Hispanolia (notre actuelle Saint-Domingue) va très vite devenir un producteur de sucre incontournable. À un prix de revient très compétitif, du fait du recours à une main-d'œuvre essentiellement composée d'esclaves.

Le Brun, carton, plateau de fruits et brancard portés par deux laquais. Musée des Arts décoratifs, Paris. Edimedia

Buffet de desserts à Vaux

BLANC-MANGER DE CORNE DE CERF
PETITS CHOUX DE CONFITURES
CRÈME LÉGÈRE FRITE
CRÈME À LA VESTALE
CRÈME AU VIN D'ESPAGNE
ŒUFS À L'EAU
TALMOUSES DE SAINT-DENIS
ŒUFS À LA FLEUR D'ORANGE
GLACE
MASSEPAINS
BOUTONS DE FLEURS AU SEC
CONSERVE DE VIOLETTES

En France, à défaut de colonies, on a des idées. Les savants s'évertuent à inventer des édulcorants qui pourraient avantageusement remplacer le jus de la canne. Olivier de Serres, agronome de Henri IV et auteur d'un célèbre *Théâtre d'agriculture*, prédit ainsi un avenir prometteur à « une espèce de pastenade venue d'Italie, une racine assez grosse, fort rouge, et dont les feuilles sont de Bettes ». Dénommée de ce fait « Bette-Rave ». « Cette racine est rangée entre les viandes délicates, dont le jus qu'elle rend en cuisant, semblable à sirop au sucre, est très beau à voir par sa vermeille couleur. »

Quand notre pays aura réussi à s'implanter aux Antilles, agronomes et planteurs y développeront à leur tour la culture de la canne, vers les années 1640. Une expérience qui s'avérera positive, puisque, vingt ans après, Colbert se frottera les mains : « Les quantités de sucre envoyées à la métropole s'accroissent, les raffineries se multiplient, et le royaume, naguère tributaire de l'étranger pour le sucre, commence à lui en vendre. »

Mais, si, dans les villes, le sucre a tendance à supplanter le miel, dans les campagnes on continue, et on continuera des décennies durant, d'utiliser le produit des ruches. Les paysannes mitonnent toujours leurs confitures au miel. Ou avec de la cassonade, « meilleure que le sucre fin, ayant regard à la dépense, parce qu'étant plus substantielle que lui », estime Olivier de Serres.

Les desserts

Le siècle de Louis XIV est le grand siècle des desserts. Foin des pâtisseries à l'ancienne, généreusement farineuses, dont raffolait le Moyen Âge, les cuisiniers de l'époque de d'Artagnan, rivalisent d'imagination. « Flagels », « feuillages », « fidiaux », « cornuaux », « craquelains », « menudes », « merveilles », « darioles » ou « pains d'épice »... les chefs-d'œuvre font venir l'eau à la bouche. Leurs noms du moins, car la plupart des recettes ne sont, hélas, pas parvenues jusqu'à nous. Les gourmands pouvaient aussi se régaler de crèmes. Le chef Vatel, découvert par Fouquet, inventa, pour la fameuse réception de Vaux, une crème battue d'une délicatesse extrême, qui enthousiasma le Roi-Soleil, mais ne contribua pas peu à augmenter la jalousie du monarque contre son fastueux intendant.

Après l'arrestation de celui-ci, son cuisinier, craignant pour sa sécurité, préféra gagner l'Angleterre. Mais, qui avait goûté à ses plats ne pouvait l'oublier. Il fut bientôt rappelé d'exil par le prince de Condé, seigneur de Chantilly. C'est en l'honneur de ce nouveau maître que Vatel rebaptisa « crème Chantilly » son entremets fétiche...

Le Brun Salon des Muses, Le triomphe de la fidélité (allusion à Fouquet) Edimedia

Sorbets et glaces

Décidément, Fouquet avait le talent de dénicher... les talents. Parmi les « cerveaux » qu'il employa à Vaux, figure un certain Jean-Baptiste de La Quintinie, chargé du potager et du verger de son château. Extrêmement curieux de nature, l'homme avait rapporté d'un voyage en Italie le secret de la fabrication des glaces et sorbets.

Mais les sorbets ne deviendront vraiment populaires en France qu'à la fin du siècle. Les Parisiens se précipiteront alors chez Procoppio, le nouveau salon à la mode, déguster, entre deux tasses de café, sorbets, glaces nature ou « glaces à la Chantilly ».

On recourait alors à la neige pour rafraîchir mets et boissons. « En été, on aura toujours de réserve, en lieux propres pour cet effet, de grands quartiers de glace et des monts de neige pour mêler parmi le breuvage », prescrit, dès la fin du règne de Henri III, Arthur Thomas, sieur d'Endry, dans son *Île des hermaphrodites*. Tout le beau monde exigea bientôt de boire glacé. Boileau y compris, qui fustige, dans une de ses *Satires*, ladres et rustres qui n'offrent pas de neige à leurs convives, et « point de glace, bon Dieu ! dans le fort de l'été ».

Quelques voix crieront en vain à l'hérésie gastronomique. Tel l'auteur de *L'Art de bien traiter*, pour qui la glace est « la plus pernicieuse de toutes les inventions » et « la capitale ennemie des liqueurs et principalement du vin qu'elle affaiblit de moitié ».

Mais la vogue est lancée. Inexorablement. Les « glacières » vont croître et se développer. Dont le principe est fort simple. Il s'agit de vastes réservoirs souterrains, aux parois recouvertes de l'isolant le plus efficace qui soit au monde : la paille. La neige tombée durant les mois d'hiver y reste stockée jusqu'aux premières chaleurs, où les revendeurs de glace sont enfin autorisés à venir y puiser, moyennant finance. Chaque ville de quelque importance, mais aussi chaque grand seigneur, se pique au jeu. Auch, la capitale de la Gascogne gasconnante, comptera bientôt quatre glacières, celle de Matalin, celle du château de Garros, celle de l'hôtel de *La Pomme d'or*, à l'angle des rues Saint-Joseph et Bazillac, et la glacière de l'archevêché.

BLANC-MANGER DE CORNE DE CERF *(Le Cuisinier royal et bourgeois)* Prenez environ une livre de corne de cerf râpée, selon la quantité que vous en voulez faire, et faites-la cuire raisonnablement, en sorte qu'en tâtant avec les doigts vous trouviez que l'eau en soit devenue comme gluante, cela étant un signe qu'elle est assez cuite.
Passez cette gelée par une étamine bien fine et pilez des amandes, les humectant avec du lait et un peu de crème. Vous passerez votre gelée avec ces amandes deux ou trois fois afin que le blanc manger soit bien blanc, et vous mettrez une goutte d'eau de fleur d'orange.
Si c'est pour des jours de jeûne en carême, pour le soir il faut passer le blanc manger à force d'amandes pilées, y pressant un peu de jus de citron, et n'y mettre point de lait. Vous servez quand il est bien pris en glace.

ŒUFS À LA FLEUR D'ORANGE *(Le Cuisinier gascon)* Vous avez des œufs pochés à l'eau. Vous faites une crème fine à l'ordinaire, dans laquelle vous mettez de la fleur d'orange pralinée. Vous dressez vos œufs et votre crème par-dessus, et servez chaud.
Vous mettez à la place du jaune une crème de pistache bien finie, ou une autre pour changer.

LES RECETTES TALMOUSES DE SAINT-DENIS *(Le Cuisinier gascon)*
Vous faites des abaisses de feuilletage à l'ordinaire. Vous avez un appareil de fromage à la crème qui soit bien égoutté.
Vous le maniez avec les mains sur le tour à pâte, et vous y mettez des œufs autant que le fromage pourra en boire, un grain de sel, une pincée de farine. Cet appareil étant bien fait, vous en foncez vos abaisses, et les troussez entières, les dorez et mettez au four à cuire, et servez. Les flans se font de même, mais l'appareil est plus liquide allongé, et crème forte.

PETITS CHOUX DE CONFITURES *(La Science du maître d'hôtel)*
Mettez dans une casserole un demi-setier d'eau, un demi-quarteron* de beurre, un peu de sel, du citron vert haché très fin, un peu d'eau de fleur d'orange et du sucre.
Faites bouillir un quart d'heure sur le feu.
Mettez-y de la farine ce que la sauce en peut boire. Délayez sur le feu avec une cuiller de bois en remuant toujours jusqu'à ce qu'elle soit bien liée et bien épaisse.
Changez-la de casserole et mettez-y des œufs un à un jusqu'à ce qu'en touchant la pâte avec vos doigts elle se colle après.
Dressez les petits choux sur un plat allant au four et faites-les cuire. Quand ils seront cuits, ouvrez-les en deux. Mettez dedans des confitures de marmelade d'abricots ou de la gelée de groseille ou autre. Servez froid pour entremets.
On peut servir au naturel. Glacez alors le dessus avec du sucre et la pelle rouge. Servez chaud.

CONSERVE DE VIOLETTES *(L'Art de bien traiter)* Épluchez les fleurs. Vous ne prendrez que les feuilles violettes. Broyez-les bien dans un mortier de marbre ou de pierre dure jusqu'à ce que vous obteniez une pâte déliée ou unie, sans feuilles. Pendant ce temps mettez du sucre dans une poêle à confitures ou un poêlon, pour faire trois à quatre livres. Ajoutez une chopine d'eau environ. Mélangez. Faites fondre sur un feu de charbon à demi embrasé jusqu'à ébullition. Écumez avec la gâche*. Remuez souvent. La conserve est cuite quand le sucre fait son bouillon de toute part et plus lentement qu'auparavant. Retirez du feu. Laissez tiédir. Mettez la pâte de violettes dans le sucre. Remuez petit à petit rapidement jusqu'à ce que la chaleur soit apaisée. On obtient comme un glacis. Vous le laisserez refroidir, puis le modèlerez dans les formes ou figures que vous voudrez. Étendez-les sur un papier bien sec. Gardez dans un lieu chaud, sec et bien fermé. On procédera de même avec bourrache, buglosse, jasmin, citron, rose commune, fleur d'orange. On peut colorer les conserves à la groseille, la framboise, la pistache, l'épine-vinette, et la parfumer avec des eaux de senteur.

ŒUFS À L'EAU *(Le Cuisinier gascon)* Vous mettez sucre, coriandre, cannelle, écorce de citron, dans une casserole avec de l'eau ce qu'il faut pour un plat, que cela prenne du goût. Ensuite, vous cassez huit jaunes d'œufs que vous délayez avec cette composition et passez à l'étamine, et faites prendre au bain-marie. Étant pris dans le plat et prêt à servir, vous râpez du sucre dessus et le glacez avec la pelle rouge avant de servir.

CRÈME À LA VESTALE *(La Science du maître d'hôtel)* Mettez dans une casserole une chopine de crème, une chopine de lait, un morceau de sucre, un peu d'eau de fleur d'orange. Faites bouillir et réduire à un tiers. Prenez six blancs d'œufs que vous fouetterez en neige. Mettez-les dans la crème. Faites cuire au bain-marie. Servez cette crème froide.

GLACE *(d'après Monsieur de la Quintinie)* Le sel ordinaire, appliqué autour d'un vase rempli de liqueur et entouré de glace, a la propriété de congeler cette liqueur. C'est ainsi que l'industrie des bons officiers a trouvé moyen de faire, pendant les plus ardentes chaleurs de la canicule, toute les différentes manières de neiges artificielles et rafraîchissantes, si délicieuses.

BOUTONS DE FLEURS AU SEC *(L'Art de bien traiter)* Il faut prendre des blancs d'œufs, de l'eau rose ou de fleur d'orange. Battez ensemble. Mettez à tremper dedans cet appareil tels boutons de fleurs ou telles fleurs que vous voudrez après les avoir blanchis. Donnez une douzaine de bouillons. Secouez-les en les retirant. Répandez force sucre fin en poussière de toute part et ce deux ou trois fois afin qu'il y fasse facilement adhérence. Séchez auprès du feu sur des fers, troussez-les entières, dorez-les et mettez au four à cuire, et servez.
Les flans se font de même, mais l'appareil est plus liquide allongé, et crème forte.

CRÈME LÉGÈRE FRITE *(La Science du maître d'hôtel)* Mettez dans une casserole trois demi-setiers de lait, un demi-setier de crème, du citron vert haché très fin, de l'eau de fleur d'orange, un morceau de sucre. Faites bouillir sur le feu et réduire à moitié. Délayez ensuite dix jaunes d'œufs dans la crème. Passez-la au tamis et faites cuire au bain-marie. Étant cuite et refroidie, coupez-la en losange. Farinez et faites frire. Servez glacée avec du sucre et la pelle rouge.

CRÈME AU VIN D'ESPAGNE *(La Science du maître d'hôtel)* Mettez dans une casserole une chopine de vin d'Espagne avec un peu de sucre, et de l'eau de fleur d'orange. Faites bouillir à petit feu un demi-quart d'heure. Mettez à refroidir. Délayez avec huit jaunes d'œufs. Passez au tamis. Faites cuire au bain-marie.
On peut remplacer le vin d'Espagne par du vin de Champagne, ou de l'eau.

MASSEPAINS *(L'Art de bien traiter)* Il faut peler des amandes douces préalablement bouillies dans de l'eau la plus claire, avec pignons et pistaches. Nettoyez-les. Mettez dans de l'eau fraîche, laissez tremper, puis égouttez, et séchez sur un linge. Pilez dans un mortier de marbre. Arrosez avec de l'eau de fleur d'orange ou de rose. Ajoutez pour livre pesant de ce que dessus une livre du plus beau sucre passé, jusqu'à obtenir la consistance d'une bouillie épaisse. Mettez à cuire dans un poêlon à petit feu, en retournant toujours, afin que le mélange n'attache pas et ne brûle pas. Quand les amandes sont cuites, retirez du feu et laissez tiédir. Étendez-les sur une table où vous aurez répandu du sucre râpé. Maniérez et étirez sous le rouleau comme de la pâte ordinaire. Façonnez-les en grandes et petites tartes de différentes formes, tels cœurs, carrés, etc. On leur donnera le four moyennement chaud pour qu'elles y prennent une belle couleur. Laissez refroidir. Puis glacez avec du sucre fin et des eaux odoriférantes, en les arrosant d'abord de liquide partout puis en mettant le sucre par-dessus. On peut faire deux couches si on veut. Remettez ensuite quelques instants au four pour perfectionner le glacis. Retirez, et conservez dans un lieu sec.

8 CARÊME À LA BASTILLE

« Monsieur Fouquet, je vous donnerai de mes nouvelles », avait dit Louis XIV au surintendant des Finances, au soir de la fameuse fête de Vaux. Celui-ci s'était rengorgé, ne se doutant pas qu'il avait perdu. Qu'il était perdu... Colbert avait sorti son arme secrète, dévoilé quelque malversation commise par son rival dans l'exercice de ses fonctions. Et excité la jalousie inquiète du souverain...

Dès le 4 septembre, d'Artagnan est convoqué à la cour, par le roi. Directement. Celui-ci lui apprend qu'il a « résolu, pour bonnes considérations, de s'assurer de la personne du sieur Fouquet. Et ordonne au sieur d'Artagnan, sous-lieutenant de la compagnie des mousquetaires à cheval, d'arrêter ledit Fouquet et de le conduire sous bonne et sûre garde » en prison.

Le Gascon pâlit si fort qu'on lui propose du vin pour l'empêcher de défaillir...

Voilà d'Artagnan promu geôlier. C'est à Vincennes qu'il amène d'abord le prisonnier, selon les instructions. Mais sa mission n'est pas terminée pour autant. Le roi lui demande alors de s'installer auprès de Fouquet, et de le surveiller jour et nuit. Il ne faut pas que le captif communique avec l'extérieur : même les lettres que lui envoie son épouse seront confisquées. En mai 1663, nouvelles directives : notre mousquetaire doit transférer Fouquet à la Bastille. Il y demeurera auprès de lui jusqu'au dénouement du procès, le 22 décembre 1664. Le surintendant déchu a été condamné à la confiscation de ses biens et au bannissement perpétuel. Et d'Artagnan l'accompagnera encore au donjon de Pignerol, en Savoie.

Deux témoins ont évoqué cette période de la vie de d'Artagnan. Madame de Sévigné, l'indéfectible amie de Fouquet, rend hommage à l'humanité dont le Gascon fit toujours preuve envers le malheureux. Olivier d'Ormesson, rapporteur au tribunal, a, quant à lui, laissé une relation précieuse de la vie quotidienne du mousquetaire et de son prisonnier à la Bastille.

Nous apprenons ainsi que c'est d'Artagnan qui s'occupait de la nourriture de Fouquet. Il décide de ses menus et surveille les cuisines. En temps ordinaire, il lui fait préparer du bœuf et du mouton, sans un seul poulet ni gibier. Mais, pendant le carême, il ne lui sert « que hareng, morue et poisson frais ».

Un régime draconien que le mousquetaire est loin d'observer lui-même. Le soir, quand il ne descend pas partager la table de Besmaux, le gouverneur de la forteresse, son ami et compatriote, il reçoit quelques compagnons, dans l'appartement voisin du cachot de Fouquet. D'Ormesson, invité à ces agapes, en revint enchanté : « Il nous fit très bonne chère ! », raconta-t-il à tout Paris.

D'Artagnan était gourmand...

LE JEÛNE

L'obligation pour les catholiques de faire maigre les vendredis, pendant les quarante jours que durait le carême, et à certaines dates de l'année liturgique, remonte aux débuts du christianisme. À la fin du Ve siècle, très exactement. À cette époque, les pères de l'Église, réunis en concile à Laodicée, poussent le zèle jusqu'à menacer d'excommunication les fidèles contrevenants. Parmi les aliments à bannir en temps de jeûne, figurent alors la viande, mais aussi le beurre, le lait, et, plus généralement, tout produit d'origine animale.

Au fil des âges, toutefois, les dispenses vont se multiplier. Ainsi, après leur glorieuse victoire sur les Turcs à Lépante, en 1570, les Espagnols recevront-ils en récompense, pour avoir sauvé la Chrétienté du joug ottoman, et musulman, le droit de manger de la viande le vendredi. Une dérogation qui choquera fort nos compatriotes lors des fêtes du mariage de Louis XIV.

Mais c'est l'interdiction visant le beurre que les Français jugeaient particulièrement contraignante. Les succédanés de cuisson autorisés, comme l'huile de noix ou l'huile d'olive, ne convenaient pas à tous les estomacs ni à tous les goûts de par leur fort parfum. Des villes, voire des provinces entières, se cotisèrent donc pour obtenir, moyennant de bons et gros écus sonnants et trébuchants, la permission d'utiliser le beurre tous les jours de l'année. La « Tour de Beurre » de Rouen témoigne de la mansuétude intéressée des papes d'autrefois. En Guyenne même, quelques décennies avant la naissance de d'Artagnan, François de Bourdeilles, père de l'historien périgourdin Brantôme, sollicita une mesure identique, « ce que le pape lui octroya aisément, lui faisant dépêcher une bulle pour lui et les siens ».

Menu de carême

ÉCREVISSES NATURE ET FRICASSÉES

BÉATILLES* DE POISSON

GRENOUILLES À LA SAUCE VERTE

LAITANCES DE CARPE EN RAGOÛT

SAUMON EN BRÉSOLLES*

TURBOT AU COURT-BOUILLON

DE L'INFLUENCE DE LA CUISINE SUR LA THÉOLOGIE...

La principale des protestations que les Réformés élevèrent contre l'Église apostolique et romaine concerna justement le trafic des dispenses et indulgences, éhonté et simoniaque à leurs yeux. « À Rome ils se rient du jeûne pendant qu'ils nous forcent à manger d'une huile dont ils ne voudraient pas pour graisser leurs souliers. Puis ils nous vendent le droit de manger gras », fulminait l'égalitariste et contestataire Luther.

Les guerres de religion avivèrent débats, décrets et répression politico-religieuse. Les rois de France finirent par ordonner la fermeture obligatoire des boucheries pendant le carême. Et les coupables se virent dorénavant condamnés à l'infamie, ou, pire, à la prison.

Pour les théologiens du grand siècle, le carême répondait à un triple objectif, médical, religieux et social. D'abord, l'abstinence ne peut qu'être bénéfique au corps, repu de viande la majorité de l'année. Ensuite, en s'imposant sacrifice et privations, le croyant régénère aussi son âme. Enfin, parce qu'il frappe tous les fidèles, sans distinction de caste ni de fortune, le jeûne permet de rétablir, périodiquement, un semblant d'égalité sociale.

Du moins le permettrait-il si le coût du poisson, à l'époque de d'Artagnan, ne plaçait cet aliment hors de portée des bourses les plus démunies.

LE POISSON

« Monseigneur Armand de Bourbon,
Donna vendredi, grand repas,
À quatorze ou quinze prélats »,

raconte Loret, dans sa *Muse historique*, à la date du 2 juillet 1651. On y dépensa pour plus de trois cents florins de « divers monstres marins » :

« Saumons, turbots, esturgeons, soles
Et pour plus de trente pistoles
De poissons un peu plus ragots*
Sans comprendre les escargots,
Goujons, écrevisses, anguilles,
Et cent sortes de béatilles ».

Mais le poisson frais restait l'apanage des riches. Pour que la marchandise demeurât intacte, le trajet ne devait, en effet, pas excéder les vingt-cinq ou trente lieues, en mesure de distance. En mesure de temps : une journée de voiture. La cour et les seigneurs les plus importants passaient des contrats exclusifs avec les « chasse-marée » de la Manche. Il y était stipulé que les poissons leur seraient livrés vivants. S'ils arrivaient morts, ils étaient payés aux mareyeurs le cinquième de leur valeur. Ces clauses, éloquentes, montrent bien qu'il fallait toujours compter avec les hasards des routes, les incidents, sinon les accidents.

Le jeûne du vendredi coûtera d'ailleurs la vie au célèbre officier de bouche Vatel. En avril 1671, son patron, le duc de Condé, convia le souverain

et ses courtisans à venir chasser dans son domaine de Chantilly, près de Paris. Le repas du jeudi 23 se déroula dans une ambiance romantique, au clair de lune, « dans un lieu tapissé de jonquilles », raconte la marquise de Sévigné. Il faut dire que le brave Vatel n'avait pas fermé l'œil de douze nuits

Pages précédentes : Nature morte au crabe et plat d'argent, verres et citron pelé. Heda Gerrit Willemsz (1620-1702). Edimedia

consécutives afin que tout fût parfait.

Il ne devait pas dormir la treizième non plus. Sa dernière nuit.

Respectueux des règles de l'Église, Vatel avait passé commande non seulement auprès de ses

fournisseurs habituels mais aussi dans tous les ports de la mer du Nord et de la Manche. On imagine l'impatience avec laquelle il attendit les livreurs.

À quatre heures du matin, le vendredi 24, voici qu'un premier pourvoyeur arrive enfin. Avec deux petites, toutes petites, charges de marée.

« Est-ce là tout ? », s'enquiert Vatel.

« Oui, monsieur », répond le bonhomme. Ignorant les autres ordres d'achat, il ne parle que pour son propre compte.

Mais le cuisinier, dont le surmenage décuple l'anxiété, pâlit affreusement. La nourriture va manquer ! « Je ne survivrai pas à cet affront. J'ai de l'honneur et de la réputation à perdre », confie-t-il à un de ses aides. Avant de s'embrocher sur son épée.

Les autres charrettes arrivèrent un quart d'heure après son trépas…

Le stockfisch

Faute de pouvoir s'offrir les services des chasse-marée, les pauvres se contentaient de poissons de longue conservation, séchés ou salés. On salait, sur les zones de production, tous les poissons de consommation courante, tels harengs, sardines ou morues. Ces dernières, appelées *stofix* – ancêtre étymologique de notre moderne « stockfisch » –, devaient être attendries au maillet de bois une bonne heure durant et mises à tremper dans de l'eau tiède pendant une demi-journée, avant que l'on puisse songer à les préparer.

On salait également certains poissons de rivière, comme les saumons, fort communs à l'époque de d'Artagnan dans les rivières du Limousin et de Gascogne. En 1630, un gros orage ayant fait déborder la Vienne, les habitants d'Eymoutiers eurent la surprise de découvrir, dans les rues inondées de leur village, d'étranges nageurs : des dizaines de saumons !

« Le saumon frais ou salé est un bon et friand manger pour quelques jours », écrit Joseph du Chesne dans son *Pourtraict de la santé*. Ajoutant cependant : « On s'en dégoûte à la longue. »

Les journaliers agricoles refusaient d'ailleurs d'en manger plus de deux fois par semaine. Une précision inscrite en toutes lettres dans leurs contrats de louage.

Les escargots

Enfin, en carême, on pouvait consommer à loisir « les limaçons qui ne sont, au dire du commun, ni chair ni poisson ». « En Gascogne, on en fait plus de cas qu'en France. On les tient pour une viande appétissante et délicieuse, quand ils sont bien apprêtés, et ils y sont fort communs et ordinaires. » Alors que, dans les autres régions de France, on ne sait généralement pas ce que sont les escargots, ou, pire, on les a en horreur. « Les meilleurs limaçons sont ceux qu'on prend aux vignes et autour des haies », précise du Chesne. Pour qui, le fin du fin est de les déguster avec un jus d'orange.

Et de poursuivre son panégyrique : « Tant s'en faut que cette viande soit de difficile digestion, bien qu'en apparence elle soit glaireuse et totalement viscide, crasse et mucilagineuse. Au contraire, elle aide plutôt la concoction, en échauffant l'estomac. Et provoque même l'acte vénérien ! »

ÉCREVISSES NATURE OU FRICASSÉES *(Le Pourtraict de la santé)* On fait bouillir les écrevisses dans de l'eau où on ajoute du vinaigre et du sel puis on les mange avec le seul vinaigre et un peu de poivre.
Pour les fricasser, dépouillez leur queue de la coque et servez avec une sauce blanche.

GRENOUILLES À LA SAUCE VERTE *(Le Cuisinier gascon)* Vous avez des grenouilles. Vous les parez n'en ôtant rien que les pieds et les reins, laissant les jambes. Vous les coupez en deux et décharnez la chair de l'os de la jambe, et les marinez légèrement. Faites-les frire de belle couleur. Étant frites, vous avez une sauce verte faite au blé vert à cru, à l'épinard ou au persil, dans laquelle vous mettez sucre, sel, muscade. Vous mettez une croûte de pain à rôtir et tremper dans du vinaigre, et pilez le tout ensemble, et passez à l'étamine. Mettez la sauce dans son plat, arrangez les grenouilles, l'os en l'air, et servez.

BÉATILLES DE POISSON *(L'Art de bien traiter)* Pour le carême, on préparera les béatilles à base de laitances de carpes et de mousserons, cuits dans un bouillon fait avec les arêtes des carpes. On ajoutera tronçons d'anguilles, tanches, et brochetons.
On peut également confectionner des andouillettes de poisson, en enrobant ces divers ingrédients dans de la peau de carpe.

TURBOT AU COURT-BOUILLON *(L'Art de bien traiter)* Égorgez-le bien et videz-le entièrement par l'ouïe. Lavez-le en plusieurs eaux, et faites-le égoutter pour le mettre à mariner environ une demi-heure. Faites-le cuire après à son aise dans le vin blanc, à ce qu'il trempe partout, vinaigre, verjus, beaucoup de sel, oignons, girolles, du citron et de l'orange coupée par tranches, laurier, romarin, et thym. Laissez-le cuire doucement, et couvrez-le en cuisant, de manière que ce qui le couvrira ne l'écrase pas et ne fasse aucune impression sur sa chair. Il ne faut guère moins d'une bonne heure pour sa parfaite cuisson ; car de songer à le retourner, c'est folie, on gâterait tout : il n'en est pas du poisson comme de la viande. Quand il sera bien cuit, laissez prendre sel et bon goût dans son assaisonnement. Refroidi, il sera renversé dans un bassin plat pour le retirer plus facilement, à moins que vous n'aimiez mieux en mettre un dessous pendant qu'il cuit. Vous le servirez sur une serviette blanche, garni de citron et de fleurs, avec du persil à profusion, et deux vinaigrettes aux côtés.

SAUMON EN BRÉSOLLES *(La Science du maître d'hôtel)* Coupez en filets de la grandeur d'un pouce un morceau de saumon frais. Faites mariner ces filets avec de l'huile et un peu de beurre, du persil, des ciboules, échalotes et champignon, le tout haché. Ajoutez sel et gros poivre. Faites-les chauffer à la marinade un quart d'heure. Quelques instants avant de servir, vous les arrangerez l'un à côté de l'autre dans une casserole ronde avec la marinade. Faites cuire à grand feu. Étant cuits d'un côté, retournez-les de l'autre. Dressez ensuite dans le plat que vous devez servir. Mettez dans une casserole un peu de coulis maigre, un demi-verre de vin blanc. Détachez tout ce qui reste. Faites bouillir un moment. Dégraissez, passez au tamis, servez sur les brésolles.

LAITANCES DE CARPES EN RAGOÛT *(L'Art de bien traiter)* Faites blanchir vos laitances. Quand elles seront blanchies, faites-les cuire dans du beurre frais assaisonné de sel, épices, persil et ciboulette hachée menu, un peu de thym, un anchois dessalé, deux ou trois cuillers de bouillon de poisson, deux tranches de citron pelé. Remuez de temps en temps. Quand elles sont cuites, ajoutez la liaison, des petits champignons, des pointes d'asperges. Pour garniture, vous leur donnerez des huîtres marinées frites, ou autres menus assaisonnements de cette nature, citron, grenade, persil frit.
On peut aussi frire les laitances à moitié.

PETITS PÂTÉS D'ANCHOIS *(Les Dons de Comus ou les délices de la table)* Foncez vos petites tourtières de bon feuilletage, bien mince et bien fait. Mettez-y un peu de farce maigre bien fine. Ayez des anchois bien nouveaux, bien dessalés et bien lavés. Levez les filets proprement, faites-les mariner dans du persil, ciboule, échalotes, de l'huile et du poivre concassé. Ensuite arrangez-les dans vos pâtés avec de leurs assaisonnement. Remettez un peu de farce fine par-dessus, recouvrez, dorez et mettez au four. Quand ils sont cuits, mettez un jus de bigarade*.

DAURADE MARINÉE AU VERJUS *(Le Nouveau cuisinier)* Pour faire le verjus, vous prendrez des raisins encore verts dont vous aurez ôté les queues. Mettez les pépins dans un mortier avec un peu de sel. Pilez-les. Exprimez-en le jus à travers un linge. Passez les pulpes et les peaux au tamis, de façon à en extraire également le jus. Mélangez le tout. Pour faire la marinade, ajoutez au verjus du sel, du poivre, trois branches de ciboule hachée très finement, une feuille de laurier, deux tranches de citron. Videz et nettoyez le poisson, coupez les nageoires et la tête. Faites des incisions sur le dos afin que la marinage pénètre. Laissez mariner la daurade durant deux heures. Retirez de la marinade et trempez votre daurade dans du beurre fondu. Rajoutez du seul et du poivre. Roulez-la dans la chapelure. Faites cuire au four.

LES COLLATIONS DE L'ÎLE ENCHANTÉE

9

« Monsieur d'Artagnan marchait en tête, fort richement habillé de couleur de feu, livrée de Sa Majesté, portant sa lance et son écu dans lequel brillait un soleil de pierreries », racontent les chroniqueurs…

Ce d'Artagnan-là qui a le privilège d'assister, en mai 1664, aux fêtes données à Versailles en l'honneur de la nouvelle favorite du roi, Louise de La Vallière, n'est pas notre mousquetaire, mais Pierre de Montesquiou sieur d'Artagnan, cousin du mousquetaire, dix-neuf ans.

Charles de Batz-Castelmore d'Artagnan, en effet, n'a pas dérogé à la tradition gasconne. À peine nommé sous-lieutenant des Grands mousquetaires du roi, il a fait venir son jeune parent à Paris. Il l'a inscrit à l'académie militaire pour le former, avant de le faire entrer comme page auprès de Louis XIV. Nul doute que, ce beau jour de mai, notre héros ne peut se défendre d'un petit mouvement de fierté, tout en surveillant d'un œil critique les premières évolutions officielles de Pierre…

Versailles, en mai 1664, n'est pas encore le palais solennel qu'il deviendra au fil des décennies. Les travaux d'embellissement ont tout juste

Le bassin d'Apollon dans le jardin de Versailles. France XVIIe. Edimedia.

commencé, conduits par Le Vau, Le Nôtre, et Le Brun, les artistes de Vaux, à présent sous contrat royal ! Les ailes du château ne sont pas encore édifiées, le grand canal n'est pas creusé. Mais, salons comme jardins, ne laissent pas d'être déjà magnifiques. Des fleurs ont été déversées à profusion, sur les parquets vernissés, sur les carrelages de marbre, et dans les allées du parc. Les parfums des jasmins et des roses, des œillets et des lys, se mêlent aux fragrances entêtantes des orangers disposés dans de caisses de loin en loin.

Versailles, cour royale, avant-cour et place d'armes avec les écuries, vu de la cour de marbre. Edimedia

Les divertissements comptent courses de bagues et carrousels, bals et ballets, et des jeux pyrotechniques allumés au-dessus des pièces d'eau. La partie théâtrale a été confiée à un autre familier du surintendant déchu, Molière – un auteur qui a le « vent en poupe », affirme Loret dans la *Muse historique* ! Il donnera à cette occasion une comédie-ballet, *La princesse d'Élide*, sur une musique de Lulli, mais surtout les trois premiers actes de son *Tartuffe*, qui soulèvera la hargne des dévots de la ville !

Entrée du labyrinthe, 1693
Jean Cotille (1642-1708)
Edimedia

Quant aux repas, ils sont entrés dans l'Histoire pour leurs fastes inédits. La collation champêtre du premier soir se déroule à la lueur de plus de deux mille bougies. Grâce à un système de machinerie, dressoirs et tables surgissent de l'ombre feuillue. Deux cents personnages masqués, costumés en pâtres, vendangeurs ou moissonneurs, s'empressent de les disposer en demi-cercles concentriques. Violons et hautbois commencent à jouer. Le souverain prend place aux côtés de la reine. Mais, malgré la pénombre, tous savent que le Roi-Soleil n'a d'yeux que pour Mademoiselle de La Vallière, assise parmi les dames d'honneur à une table voisine…

Une autre machinerie fait soudain apparaître une grotte, où trônent Pan et Diane, porteurs « de ce que les campagnes et les forêts produisent de plus délicieux ». Des viandes froides, des daubes, des langues parfumées accompagnées de pain mollet, des pâtés de lapereaux et de faisans, des pains de veau, des assiettes de foies gras et de truffes, des pois, des tourtes à l'abricot et des beignets. Tous servis dans des plats d'argent et de porcelaine fine.

Dans des compotiers de cristal, d'autre serviteurs versent des confitures liquides et des pâtes de fruit. Dressent des pyramides d'oranges du Portugal. Et surtout des tas de ces premières fraises et cerises poussées dans le nouveau potager de Versailles aménagé par Monsieur de La Quintinie.

Miniature, 1636.
Plan du jardin du roi.
Photo P. Pitron
Edimedia

L'Anglais Locke, philosophe et grand voyageur devant l'Éternel, s'étant avisé d'interviewer un vigneron des graves, en Bordelais, sur les conditions de sa vie quotidienne, reproduisit, avec un étonnement incrédule, la réponse que le bonhomme lui fit alors : « Je ne fais pas la différence entre les jours gras et les jours maigres. »

LA VIANDE

C'est que la viande était chère, sous l'Ancien Régime, et donc rare. Réservée, en France, aux citadins des classes aisées.

Les landes de Gascogne fournissaient pourtant une bonne partie des bêtes de boucherie du royaume. Comme le constate l'intendant Claude Masse, « les paroisses qui sont entre la

Garonne et la grande mer nourrissent une grande quantité de moutons, de chèvres, de vaches et de petits chevaux. Presque tous les bestiaux errent et couchent à la campagne, surtout les chevaux et les vaches, dont les troupeaux sont de quinze à seize cents. » Quant aux cochons, on les mène dans les bois ou bien on les nourrit dans la porcherie, d'orge et de maïs.

Aux halles de Paris, à l'époque de d'Artagnan, veau, mouton et porc étaient affichés six sous la livre en moyenne. L'aloyau de bœuf, lui, se négociait le double. En servir à sa table était une manière d'afficher quartiers de noblesse et richesse, autant que d'honorer ses invités. Aussi imagine-t-on l'ébahissement des convives de Mademoiselle de Montpensier, ce beau jour d'octobre 1652 où ils se virent offrir, par leur hôtesse, un menu composé de plats à base de bœuf. Uniquement.

« Dont par de rares artifices
On fit quatre ou cinq beaux services
(À ce que disent gens loyaux),
Langues, poitrines, aloyaux,
Rôti, bouilli, capilotades,
Tourtes, pâtés et carbonnades,
Et tout si bien assaisonné
Que chacun dit : "J'ai bien dîné" »,

consigne Loret, dans sa *Muse historique*.

Sur les dressoirs de Versailles

ALOYAU À LA PROVENÇALE
QUEUES DE MOUTONS
À LA FARCE DE CHOU
YEUX DE VEAU
FARCIS AU GRATIN
LANGUES FOURRÉES
ANDOUILLETTES DE VEAU
CONTREFAITES AVEC DE
LA CITROUILLE
PURÉE DE POIS VERTS
CERISES FRAMBOISÉES
BEIGNETS DE FRAISES

Boisson
VIN D'AY

LES POIS

C'est sous le règne du Roi-Soleil, on l'a vu, que les légumes commencèrent à figurer sur les grandes tables. Avec une préférence pour les petits pois verts, importés d'Italie depuis peu. Il faut dire que ceux-ci avaient

d'emblée reçu l'aval de Louis XIV, séduit et par leur aspect et par leur goût. « Rien n'est plus beau et plus nouveau. Jamais, en France, on n'a rien vu de pareil pour la saison », s'écria Sa Majesté. Si l'on en croit le chroniqueur Audiger, qui assista à la réception des nouveaux venus à la cour.

L'auguste assentiment avait force de loi. Dès lors, tous les Français huppés réclamèrent des pois à chacun de leurs repas.

La littérature n'a pas manqué de s'emparer du sujet, et de moquer allégrement cette mode. La comédie *Les Friands marquis* brûla les planches. *Le Roman bourgeois* battit des records de librairie. Antoine Furetière, auteur de ce dernier ouvrage, y mentionne un plat de petits pois « qui avait coûté plus que n'aurait fait la terre sur laquelle on en aurait recueilli un muid* (soit 274 litres) ! » Car on les payait jusqu'à cent livres le litron (750 grammes environ). Une somme astronomique : fèves et haricots valaient alors un sol la livre, et les marrons, eux, trois sous !

Mais leur prix exorbitant ne les empêcha pas de conquérir la France. « Le chapitre des pois dure toujours », raconte la marquise de Sévigné, avec sa malice habituelle. « L'impatience d'en manger, le plaisir d'en avoir mangé et la joie d'en manger encore sont les trois points que nos princes traitent depuis quelques jours. Il y a bien des dames qui, après avoir soupé chez le roi, et bien soupé, trouvent des pois chez elles pour manger avant de se coucher, au risque d'une indigestion. C'est une mode, une fureur. »

LE JARDINAGE

Le fumier de cheval, collecté dans les écuries de Versailles, constituait alors le principal engrais du potager royal.

En Gascogne, par contre, on utilisait plutôt comme fertilisant la fiente de pigeon, la précieuse colombine. Laquelle se négociait à prix d'or. Aussi les pigeonniers étaient-ils l'objet d'âpres discussions au moment du partage d'un héritage noble.

« En plusieurs endroits de la Guyenne et autres de ce royau-

me, on se sert d'une sorte de colombiers appelée "foine" », témoigne Olivier de Serres, « en ce différents des autres, que, pour toutes ouvertures, ils n'ont qu'un trou au plus haut du toit. Celui-ci sert et pour donner jour au colombier et pour l'entrée et la sortie des pigeons. Le bâtiment, comme son trou, est com-

munément rond et ressemble à l'antique Panthéon de Rome, ajoute Serres, recommandant aux gentilshommes campagnards, qui pourraient lire son livre, de ne pas hésiter à nettoyer souvent le fumier : "Conviendra le parfumer quelquefois avec de l'encens, du benjoin, de storax et semblables drogues. Chose non seulement agréable aux pigeons mais nécessaire" »...

L'ordonnance des repas

On a souvent glosé sur la prétendue gloutonnerie des contemporains de d'Artagnan.

Certes, un repas digne de ce nom comporte alors quatre ou cinq services, constitué chacun de plusieurs plats fort différents, que serviteurs et domestique apportent, pêle-mêle, sur les dessertes. Le menu, offert au monarque par Madame la Chancelière de Pontchartrain, en 1666, est resté un modèle du genre :

1er service : 8 pots à oille et 16 hors-d'œuvre.

2e service : 8 grands relevés desdits potages,

16 entrées et de fines viandes.

3e service : 8 plats de rôts et 16 plats de légumes apprêtés au coulis de viande.

4e service : 8 pâtés ou viandes et poissons froids et 16 salades crues, à l'huile, à la crème et au beurre.

5e et dernier service : 24 pâtisseries diverses,

24 jattes de fruits crus,

24 assiettes de sucreries, conserves et confitures sèches ou liquides.

Soit, au total, 168 plats ou assiettes.

Sans compter les confitures !

Mais les convives choisissent uniquement les mets qui les tentent. Comme dans nos modernes buffets. Le menu, un et identique pour tous, n'est pas encore entré dans les mœurs.

Ceci dit, le Roi-Soleil était doté – les mémorialistes sont unanimes sur ce point – d'un robuste appétit. « J'ai vu le souverain manger et cela très souvent, une perdrix, une grande assiette pleine de salades, du mouton coupé dans son jus avec de l'ail, deux bons morceaux de jambon, une assiette pleine de pâtisseries et du fruit et des confitures », affirme la Princesse Palatine, belle-sœur de Louis XIV. Qui ne le cède à personne sur le chapitre voracité. « Ma taille est monstrueuse d'épaisseur. Je suis carrée comme un dé à jouer », avoue-t-elle elle-même, sans vergogne.

Et sans renoncer pour autant à son péché mignon, la gourmandise... Ou la goinfrerie ?

Yeux de veau farcis au gratin

(Le Cuisinier gascon)

Prenez des yeux de veau que vous faites tremper et blanchir. Vous en ôtez les prunelles et le noir. Farcissez-les d'une farce faite exprès. Mettez à la place de la prunelle une petite truffe entière. Étant farcis, vous les braisez à l'ordinaire. Étant cuits, vous les arrangez sur un gratin préparé dans un plat avec de petits oignons et des truffes entrelacées cuites à la braise. Et faites attacher le gratin. Étant attaché, égouttez, et marquez d'une essence relevée de bon goût. Servez. Vous pouvez les paner et les faire frire. Vous pouvez en servir dans une sauce claire à l'espagnole ou autrement au vert.

ALOYAU À LA PROVENÇALE *(Le Cuisinier gascon)* Vous avez un aloyau comme vous le voulez servir. Vous parez bien le filet sans l'ôter de dessus les os. Vous le piquez de jambon, lard, anchois. Ensuite vous faites une farce avec lard râpé, moelle de bœuf, beurre de Vanves, huile et toutes sortes de fines herbes hachées et ail, le tout bien manié ensemble. Assaisonnez de bon goût. Vous ficelez le filet de deux doigts en deux doigts, et vous mettez cette farce dedans et dessus le filet. Étant garni tout du long, vous le couvrez de bardes de lard et de papier, et le mettez à cuire à la broche. En cuisant, vous l'arrosez de son dégoût*. Étant cuit, vous prenez le dégoût que vous dégraissez bien, et vous l'allongez d'une sauce piquante à l'huile, et le masquez dans son plat. Jus d'orange, gros poivre, et servez pour grosse pièce.

QUEUES DE MOUTONS À LA FARCE DE CHOU *(La Science du maître d'hôtel)* Mettez six queues de mouton à cuire à la braise, que vous servirez sur une farce de chou. Pour cette farce, prenez un demi-gros chou que vous lavez et faites cuire une demi-heure dans de l'eau. Retirez dans de l'eau fraîche. Pressez fort et égouttez. Hachez. Passez sur le feu avec un peu de beurre et du petit lard coupé en petits dés. Mouillez de bon bouillon, blond de veau, assaisonné de gros poivre. Ne mettez point de sel qu'en servant à cause du petit lard. Servez à courte sauce. Si vous voulez mettre cette farce au blanc après qu'elle est passée, mettez-y une pincée de farine, mouillez de bouillon, faites cuire et réduire sans sauce. Mettez-y une liaison de trois jaunes d'œufs avec de la crème.

LANGUES FOURRÉES *(La Science du maître d'hôtel)* Mettez au sel pendant huit jours des langues (bœuf, cochon, veau, mouton). Mettez du sel suivant la quantité de langue, une once de salpêtre pour demi-livre de sel, du genièvre, laurier, thym, basilic. Quand elles ont bien pris le sel, mettez chaque langue dans un boyau bien lavé et trempé dans la saumure. Ficelez. Faites fumer à la cheminée. Quand vous voudrez vous en servir, faites cuire avec vin rouge, eau, oignons, racines, ail, girofle, fines herbes. Laissez refroidir dans leur cuisson.

PURÉE DE POIS VERTS *(L'Art de bien traiter)* Les pois plus gros sont toujours les meilleurs. On les fera cuire avec bouillon, fines herbes, beurre frais, moelle de bœuf, petit lard, poivre, sel, girofle. Quand ils seront presque en bouillie, écrasez-les avec le dos de la cuiller de bois. Passez dans une passoire ordinaire. Si la purée est trop épaisse, mettez du bouillon ou quelques cuillerées de jus pour la rendre plus délicate. Servez-la avec viandes et quelques menues béatilles en manière de cordon.

ANDOUILLETTES DE VEAU CONTREFAITES AVEC DE LA CITROUILLE *(Les Délices de la campagne)* Si vous voulez contrefaire des andouillettes de veau avec de la citrouille cuite, mélangez-la avec du beurre frais, des jaunes d'œufs durs, des œufs frais battus, un peu de persil haché ou d'herbes fines et des épices composées. Formez-en des andouillettes, puis mettez-les à cuire dans du beurre, dans un plat d'argent que vous mettrez sur le feu de charbon ou dans le four, les retournant souvent de tous côtés. Étant cuites, ôtez toute la sauce pour leur faire prendre couleur, tout en retournant pour éviter qu'elles n'attachent. Quelques champignons hachés menu relèveront le goût de cette farce.

CERISES FRAMBOISÉES *(L'Art de bien traiter)* Pour galanterie bien imaginée, vous mettrez à la place du noyau en chaque cerise une framboise. Pour une livre de fruits, six quarterons de sucre bien concassé et pulvérisé.
Pour la fonte dudit sucre il faudra prendre du jus de cerises qu'on aura pressées dans un linge. On peut aussi mettre du jus de framboises pressées et passé. Mettez dans une poêle sur le feu de charbon à demi embrasé. Veillez à ne pas réduire en bouillie par une trop longue ébullition. Le sirop doit devenir vermeil, épais et transparent. Lorsque les fruits seront cuits, retirez-les du feu et laissez refroidir. Dressez sur les vaisseaux.

BEIGNETS DE FRAISES *(Le Cuisinier gascon)* Vous avez de grosses fraises épluchées. Vous faites une pâte à beignets de cette façon : prenez de la farine dans une casserole et délayez-la avec de la bière ou du vin blanc, un grain de sol, un peu d'huile. Quand vous êtes prêt à servir, vous fouettez quelques blancs d'œufs bien pris que vous mettez dans cette pâte, et vous jetez les fraises dedans et les faites frire dans le saindoux, de belle couleur. Les glacez et les servez.

10

DÎNER CHEZ MADAME D'ARTAGNAN

Il y eut une Madame d'Artagnan. Elle n'a pas eu les honneurs de l'Histoire ni même de la légende, mais elle est mentionnée dans la petite histoire. Le 5 mars 1659, messire Charles de Batz-Castelmore d'Artagnan, chevalier, sous-lieutenant des Grands mousquetaires du roi et capitaine au régiment des gardes de Sa Majesté, épouse dame Charlotte-Anne de Chancel, baronne de Sainte-Croix. Le contrat, en bonne et due forme est même conclu sous « l'autorité de très puissant monarque Louis de Bourbon, roi de France et de Navarre ».

Le Gascon avait rencontré la jeune femme quelques mois auparavant, à Châlon-sur-Saône où il accompagnait le souverain. Elle était issue de la bonne noblesse charolaise, veuve de guerre, sans enfants. Elle possédait du bien, ce qui arrangeait fort les affaires de notre homme. S'il ne faisait pas là un mariage d'amour, il pensait du moins fonder un foyer solide.

Mais la future exigea des garanties par-devant notaire : elle conserverait sa baronnie en son nom propre, et elle refusait par avance d'éponger les dettes que son mari pourrait contracter...

Deux enfants naquirent de cette union, deux fils, prénommés tous deux Louis, et qui, curieusement, ne furent baptisés qu'après le décès de leur père, une douzaine d'années plus tard, mais par Bossuet en personne, et sous l'auspice du Roi-Soleil et de Monsieur, frère du monarque, leurs parrains respectifs !

Dès 1665, Madame d'Artagnan abandonnait le domicile conjugal, sous prétexte d'incompatibilité d'humeur dirait-on aujourd'hui. Le fougueux Gascon et la veuve austère avaient trop peu de points communs, d'autant, précise le biographe Courtilz de Sandras, que la femme était maladivement jalouse et le mousquetaire incorrigiblement volage.

À la décharge de ce dernier, il faut reconnaître que le service du monarque le retenait souvent des mois durant loin de son foyer. À l'armée sur les frontières du Nord ou de l'Est, au Louvre lorsqu'il y était de garde, voire à la Bastille quand il eut à surveiller le prisonnier Fouquet.

Essayons cependant d'imaginer ces rares dîners que les époux durent savourer ensemble, au cours de leur brève lune de miel.

L'inventaire, établi par les hommes de loi après le décès de d'Artagnan, permet de brosser le cadre.

La maison, à trois étages, sise à Saint-Germain-des-Prés, rue du Bac, est pourvue d'une cour, dans laquelle le couple remise voiture et carrosse. Les pièces principales donnent sur la Seine. Aux étages se trouvent l'appartement de Monsieur et celui de Madame, et leurs garde-robes respectives. Au rez-de-chaussée, contigu à la cuisine, l'office où couche Fiacrine Pinou, la servante.

C'est dans cette pièce que dînent et soupent les d'Artagnan, mais aussi qu'ils reçoivent, à la manière du temps. Ce midi-là, ils ont convié

Jean Michelin
Vers 1616
La marchande de volailles
Edimedia

Monsieur de Monlezun-Besmaux. Notre d'Artagnan, qui apprécie fort les jolies femmes, a insisté pour inviter aussi la jeune et ravissante Madame de Besmaux…

La veille, Fiacrine a astiqué les cuivres, la poissonnière, le coquemar, la fontaine à eau. Et repassé le linge damassé. Dès l'aube du grand jour, elle accompagne Madame d'Artagnan aux halles. Pendant ce temps, d'Artagnan s'occupe du cellier. Il fait tirer du vin, qu'il transvase dans des flacons de cristal et il choisit quelques bonnes liqueurs.

La cave du mousquetaire a été retrouvée vide après la mort de son propriétaire. Mais elle devait être joliment garnie de son vivant, puisque notre héros avait à son service un sommelier particulier, un certain Bertrand Gervais.

Probablement le héros possède-t-il des crus champenois et bourguignons, base incontournable de tout cellier digne de ce nom à l'époque. *L'Art de bien traiter* recommande d'avoir des vins d'Auxerre, de Coulange, de Joigny (bons vins bourgeois), des vins de Chablis, de Tonnerre (bourgeois), des vins de Volnay (Beaunois) raffinés. Quant aux crus de Champagne, il est souhaitable, d'après le même ouvrage, d'avoir un échantillonnage de Reims, Saint-Thierry, Versenay et Ay.

Les liqueurs ? L'indiscrète *Muse historique* de Loret relate que les contemporains de Louis XIV raffolaient d'hypocras, des vins d'Espagne, du vin muscat, du rossolis, du populo.

Est-il chimérique de supposer que le mousquetaire gardait aussi, amoureusement, quelques futailles de vin de son pays natal, rapportées du temps de sa mission en Gascogne ? Et qu'il les mit en perce pour recevoir Besmaux, son compatriote…

Le Paris de d'Artagnan n'a rien de commun avec le Paris moderne, sinon qu'il est déjà très peuplé pour l'époque et que les habitations sont le plus souvent collectives, constituées d'immeubles de six voire de sept étages.

Mais la vie quotidienne ne présente pas de rupture avec les temps médiévaux.

L'eau courante reste l'exception. Même dans les classes les plus aisées. Rares sont encore les hôtels particuliers où l'on trouve un puits. La majorité des gens de moyenne qualité, et toutes les familles modestes, s'abreuvent à la Seine. Soit directement, quand leur logement n'est pas trop éloi-

Recueil des plus illustres proverbes gravés de J Laguiet. Coll part. Edimedia

gné des bords de ce fleuve. Soit par le truchement des fontaines publiques, dans les quartiers qui en sont dotés : la première pompe de la capitale, celle de la Samaritaine, n'a vu le jour qu'en 1608. Dans ces conditions, les porteurs d'eau continuent de faire recette, qui parcourent les rues de l'aube au crépuscule criant : « Qui veut l'eau ? » Les ménagères bourgeoises, comme Madame d'Artagnan, requièrent leurs services, transférant les seaux qu'ils leur livrent dans des

Menu bourgeois

POTAGE À LA JACOBINE
POTAGE AU LAIT MERINGUÉ
PETITS PÂTÉS À LA CRÈME
TOURTE D'HERBES
RÔTIES AU PARMESAN
POULETS EN COULEURS :
AU CÉLADON
À LA JONQUILLE
AU VERMILLON
PÂTE DE COING, OU COTIGNAC

« fontaines de table » généralement en cuivre rouge.

La plupart des appartements n'ont pas non plus de cheminées. On réchauffe les aliments sur un simple réchaud. La gastronomie s'en ressent, qui voit se multiplier les recettes de bouillis au détriment des grillades et des rôtis.

Ainsi Madame d'Artagnan possède-t-elle, pour toute batterie de cuisine, outre quelques assiettes, couverts et autres ustensiles, une seule poissonnière et un coquemar. Heureusement, les traiteurs sont légion.

TRAITEURS, RÔTISSEURS ET PÂTISSIERS

« Les rôtisseurs et les pâtissiers, en moins d'une heure, vous arrangent un dîner, un souper pour dix, pour vingt, pour cent personnes. Le rôtisseur vous donne la viande, le pâtissier des pâtés, les tourtes, les entrées, les desserts. Le cuisinier vous donne les gelées, les sauces, les ragoûts », remarque, médusé et admiratif, l'ambassadeur de Venise, Jérôme Lippomano, en débarquant sur le sol français. « Il y a une chose qui m'a paru longtemps incroyable, c'est qu'un chapon, une perdrix, un lièvre coûtent moins, tout prêts, lardés et rôtis, qu'en les achetant tout vifs au marché ou dans les environs de Paris. Cela vient de ce que les rôtisseurs, les prenant en gros, les ont à bas prix et peuvent les revendre de même : il leur suffit de gagner huit ou dix deniers, pourvu que leur argent circule et leur rapporte tous les jours quelque chose. »

Une remarque pleine de bons sens, qui fait desdites rôtisseries l'ancêtre de nos super et autres hypermarchés...

Les publicités insérées dans les gazettes, ou les affiches, confirment le dynamisme inventif des pâtissiers. Pour exemple, cette annonce savoureuse, publiée par un certain « sieur Leroy, maître pâtissier, rue Beaubourg, vis-à-vis des petites étuves, paroisse Saint-Méry à Paris » – les numéros de rue n'existaient pas encore, et les adresses étaient aussi pittoresques que com-

pliquées. Ledit Leroy donne donc avis aux badauds et chalands « qu'il fait des poissons imitant le naturel, tant en gras qu'en maigre. Tous les poissons en reliefs, comme carpes, brochets, anguilles, etc., en crème, frangipane et en gras (le gras devant être mangé chaud). Depuis une livre jusqu'au plus haut. » Précisant qu'« à l'égard du poisson plat, il l'accommode en marmelade de pomme et de frangipane, ainsi que des tourtes au rognon de veau à vingt-quatre francs en envoyant le rognon rôti. Et confectionne aussi toutes autres fines pâtisseries ».

Poulets et chapons

À l'époque de notre mousquetaire, écologique avant l'heure, on avait appris à faire la distinction entre les volailles de batterie et les volailles élevées en plein air. Ainsi préférait-on les poulets fermiers, dits « de pailler », aux poulets nourris en cages. La valeur des premiers, doit-on le préciser ? ne manquait pas de s'en ressentir.

Chapons de Bresse ou du Mans étaient déjà célèbres. Et, eux aussi, déjà fort onéreux. Leur élevage requérait, en effet, des soins intensifs et soutenus : les bêtes devaient être tenues immobiles, dans l'obscurité. On les empâtait quotidiennement de boulettes de farine d'orge, d'avoine ou de millet, auxquelles on ajoutait parfois, raffinement suprême, des dragées au musc ou à l'anis.

Une riche palette

Car les contemporains du Roi-Soleil, comme leurs aïeux du Moyen Âge, raffolaient des épices fortes, seules capables de relever leurs invariables bouillis. Les maîtres queux faisaient, en gastronomie, un vaste usage tant des condiments que des parfums, tels les essences de fleur, l'ambre ou le musc.

Au plaisir des papilles et du nez, se combinait celui des yeux. Les viandes étaient habituellement enrobées de sauces violemment colorées. Safran, oseille et beurre d'écrevisse, par exemple, permettaient d'obtenir de jolies liaisons jaunes, vertes ou rouges, selon la dernière mode.

Les noms des plats étaient à l'avenant, évocateurs. Ainsi le poulet au safran était-il dénommé « à la jonquille », le poulet à l'oseille dit « à la céladon », et celui qui baignait dans une sauce rouge appelé « à la cardinal ».

En ce temps-là, cuisine rimait avec poésie...

PETITS PÂTÉS À LA CRÈME *(La Science du maître d'hôtel)*

Faites une pâte brisée. Dressez les petits pâtés de la grandeur que vous voulez. Mettez-y une farce de volaille ou de godiveau si c'est gras, en maigre une farce de poisson. Finissez les pâtés en mettant les couvercles. Dorez avec de l'œuf battu. Quand ils seront bien cuits, vous aurez un bon fond de sauce blanche de trois jaunes d'œufs avec de la crème. Faites lier sur le feu. Mettez dedans la farce des pâtés. Délayez-la dans la sauce avec un jus de citron. Remettez la farce dans les pâtés. Servez avec les couvercles.

POTAGE À LA JACOBINE *(Les Délices de la campagne)*

Le potage fait au fromage, que d'aucuns appellent « à la jacobine », sera fait en prenant un pain à la mode. Vous l'ouvrez et ôtez la mie, puis faites sécher les deux croûtes dans le four. Quand elles auront pris une couleur rousse, vous les mettrez dans un plat d'argent et les aplatirez et broierez, mettant le côté de la mie en dessous, puis poserez le bassin sur des charbons ardents, et quand il sera bien chaud, vous arroserez le pain avec votre meilleur bouillon de santé dans lequel il n'y aura point encore d'herbes ni de pois. Vous ferez mitonner ce pain, l'arrosant parfois, et le faisant un peu attacher au bassin pour prendre le goût. Puis y mettrez un lit de fromage de gruyère ou de Hollande, du plus doux et du plus nouveau, qui aura été râpé, et, par-dessus, un second lit de blanc de volaille rôtie, hachée bien menu. Arrosez derechef pour faire fondre le fromage et mitonnez tout ensemble. Servez, avec un ornement de tranches de citron et quelques grains de grenade par-dessus.

POULETS À LA JONQUILLE *(La Science du maître d'hôtel)*

Flambez deux poulets. Épluchez, videz, farcissez avec une farce faite avec leurs foies. Détachez la peau du dessus de l'estomac. Mettez-y du lard râpé, mêlez avec gros comme un pois de safran en poudre. Cousez les poulets. Troussez les pattes. Faites refaire un instant avec du beurre. Mettez-les à cuire à la broche, enveloppés de lard et de papier. Quand ils sont cuits, mettez dans une casserole gros comme deux pois de safran en poudre que vous délayez avec un peu de bouillon petit à petit. Mettez-y un peu de blond de veau, la moitié d'un pain de beurre, sel, gros poivre. Faites lier sur le feu. Servez sur les poulets.

POULETS AU CÉLADON *(La Science du maître d'hôtel)* Faites cuire à eau bouillante pendant un quart d'heure une poignée de persil épluché, autant de cerfeuil et de poirée, les côtes ôtées, un peu de queues de ciboules. Retirez à l'eau fraîche. Pressez bien et pilez dans un mortier. Mettez ces herbes pilées dans une casserole avec un morceau de bon beurre. Faites bouillir ensemble un bon quart d'heure. Passez ensemble à force de bras dans une étamine. Mettez ce beurre à refroidir, et servez-vous en pour les sauces vertes. Prenez deux petits poulets aux œufs bien blancs, que vous flambez, épluchez, videz. Détachez la peau de dessus l'estomac pour y mettre de ce beurre vert. Prenez les foies que vous hachez avec persil, ciboule, un peu de lard râpé, sel, poivre. Farcissez les poulets. Cousez pour que rien ne sorte. Faites-les refaire et cuire à la broche enveloppés de lard et de papier. Mettez dans une casserole du blond de veau, un morceau de beurre vert, sel, gros poivre. Faites lier sur le feu. Servez sur les poulets.

POULETS AU VERMILLON *(La Science du maître d'hôtel)* On procède comme pour la recette précédente pour la préparation des poulets, en les farcissant de leurs foies. Mais on introduit sous la peau du dessus de leur estomac un beurre d'écrevisses. On fait cuire à la broche enveloppé de lard et de papier, et on sert avec une sauce au beurre d'écrevisses.

TOURTE D'HERBES *(Les Délices de la campagne)* Il faut prendre des épinards, poirée*, arroche*, et autres herbes semblables, les faire bouillir dans l'eau, puis les retirer, les égoutter, les hacher au couteau, et ajouter du beurre, des œufs, de la crèmes en farce, ou pâte de macarons, de l'écorce de citron et des épices. Vous ferez cuire tout ensemble dans un poêlon, en retournant souvent avec la cuiller pour que cela ne brûle pas, puis viderez cette farce dans un plat pour refroidir. Pendant ce temps vous foncerez la tourte de pâte, la garnirez et la cuirez.

POTAGE AU LAIT MERINGUÉ *(La Science du maître d'hôtel)* Prenez six œufs. Mettez les jaunes dans une casserole et les blancs dans une terrine. Fouettez les blancs. Mettez-y du sucre fin, formez-en un cordon bien uni sur le bord du plat que vous devez servir. Remettez par-dessus du sucre fin. Arrangez dans le milieu des tranches de pain mollet. Faites cuire la meringue dans un four, que la chaleur en soit très douce. Étant cuite, le pain séché, faites bouillir du lait avec du sucre. Prenez-en la moitié que vous délayez avec six jaunes d'œufs, et que vous faites lier sur le feu, en les remuant avec une grande cuiller. Quand ils commencent à se lier, retirez-les promptement pour qu'ils ne tournent pas. Servez le lait avec la liaison sur le pain tranché.

PÂTE DE COINGS OU COTIGNAC *(Le Théâtre d'agriculture)* Des coings bien choisis seront cuits au four, entiers, sans peler, mis dans vases de cuivre, bas à large ouverture, demeurant au four autant qu'une fournée de pain. Ainsi bien rôtis, l'on les pèlera, pétrira, et passera à travers d'un tamis ou d'une toile neuve bien nette, puis l'on les achèvera de préparer dans le sucre. La quantité de sucre requise en cet endroit est la moitié du poids des coings. Telle l'y adjoindrez non en sirop ains en poudre, mêlant l'un avec l'autre. Après, la composition mise dans la bassine ou casse pointue, sur petit feu de charbon y sera achevée de préparer, la remuant toujours avec la spatule de bois, de peur de la brûlure. Le cotignac sera cuit en perfection quand il ne tiendra plus ni à la casse ni à la spatule, sur laquelle adresse vous arrêtant aussitôt que vous apercevrez de tel dépouillement, le sortirez du feu et de la casse, le logerez dans des vase de verre ou de terre ou dans des boîtes de bois pour être pris selon l'usage.

RÔTIES AU PARMESAN *(La Science du maître d'hôtel)* Prenez de la volaille cuite à la broche que vous hachez avec de la tétine de veau blanchie. Mettez-la dans un mortier pour la piler avec du parmesan râpé, quatre œufs, les blancs fouettés. Mettez cette farce sur des rôties de pain. Unissez avec de l'œuf battu. Panez avec du parmesan. Faites cuire au four dessus une tourtière foncée de bardes de lard. Servez avec une sauce claire.

MÉDIANOCHE GALANT

Il n'est pas de bon roman sans romanesque. Sacrifiant à cette règle, Gatien Courtilz de Sandras comme Alexandre Dumas s'en sont donné à cœur joie, mais aussi Eugène d'Auriac ou Roger Nimier, bref, tous les auteurs que l'existence de d'Artagnan a inspirés. Le mousquetaire a été paré, sous leur plume, d'un talent inné, et inouï, de séducteur.

À les en croire, il n'aurait cessé d'arpéger le beau sexe, des soubrettes aux aristocrates, des vierges aux espionnes. Et, blondes, brunes, rousses, toutes carnations de peau, tous âges confondus, les belles ne pouvaient se défendre de son charme irrésistible.

Le septième art a renchéri. D'Artagnan est parmi les personnages historiques les plus souvent portés à l'écran, depuis les débuts du cinéma et dans tous les pays du monde. Le premier film répertorié date de 1908 ! Il fut successivement incarné par des vedettes comme Douglas Fairbanks, Gene Kelly, Georges Marchal, Gérard Barray, et même Max Linder. Et les réalisateurs ont prêté à ses conquêtes féminines les traits des plus jolies stars, des vamps les plus captivantes de leur génération : Lana Turner, Mylène Demongeot ou Faye Dunaway.

Le plus étonnant c'est que, sur le chapitre galant encore, d'Artagnan reste associé à la gastronomie. Dès sa naissance littéraire. Courtilz de Sandras le montre, à peine débarqué dans la capitale, s'éprenant d'une aubergiste de souche normande, « fort jolie femme qui valait bien la peine qu'il lui en contât ». Et qui n'attendait que cela ! Son époux, harassé par son travail au cabaret et peut-être aussi par les libations qu'i faisait avec ses clients, la délaissait. Le Gascon portait beau – le prestige de l'uniforme ! il était jeune, ardent. La belle ne joua pas longtemps les cruelles.

Louyse Moillon (1610 - 1696) La marchande de fruits Détail page 165 Edimedia

Paulus Moreelse (1571 - 1638) Un jeune couple d'amoureux Edimedia

Or il advint qu'un soir où les deux amoureux roucoulaient de conserve dans le lit conjugal, le cocu, alerté par son instincts, remonta dans ses appartements plus tôt que de coutume. La liaison vira au vaudeville. Ramassant ses chausses à la hâte, d'Artagnan s'esquiva par la fenetre. Et atterrit au beau milieu de la cour… où les garçons rôtisseurs piquaient leur viande au clair de lune !

Mais il en aurait fallu plus pour briser le cœur de notre Gascon. Il ne fut pas long à se consoler. Avec une nouvelle passade, ou une nouvelle passion.

Alors, un peu d'imagination ! Il est vingt-trois heures. Notre mousquetaire choisit le plus capiteux de ses parfums, s'en asperge généreusement. Il s'approche de la glace, ôte la bigotelle de cuir qui lui sert à retrousser sa moustache. Il contemple un instant son reflet, se sourit, satisfait. Il enfile des gants à dentelles, assortis à ses culottes de chamois. Enfonce son feutre sur ses yeux. S'enveloppe dans l'immense cape couleur de muraille que lui porte son domestique. Se glisse au-dehors.

Le toucher
(Les cinq sens,) d'après
Abraham Bosse
Edimedia

Gérard Terboch
(1617 - 1681)
Femme jouant
Edimedia

Le serviteur va devant, éclairant leur route avec un flambeau suiffeux. Une petite rue dans le nouveau quartier du Marquis. Un portail vernissé. Une lumière brille au premier étage de l'immeuble, derrière les lourds velours qui masquent la fenêtre : le signal convenu. La place est libre, le mari, ou le galant habituel, absent. Le mousquetaire choque discrètement le heurtoir.

L'élue de son cœur s'est, elle aussi, mise sur son trente-et-un. Sa jupe d'intérieur en satin est à la dernière mode, d'une teinte délicate. Les noms du nuancier d'alors font rêver : « face-frattée », « fleur-fanée », « espagnol-malade », « singe-mourant », « trépassé-revenui », « bœuf-enfumé » ou « ventre-de-biche ». Symboliques, allégoriques, métaphoriques, hyperboliques. Avec, parfois, un soupçon de friponnerie, quand le pinceau joue « boute-en-train », « tâtez-y », ou « baise-moi-ma-mignonne ».

La belle est d'un embonpoint avenant. Sa gorge, dans l'échancrure de dentelles, paraît d'albâtre. Ses mains sont blanches et « grassettes ». Et son visage s'orne de mouches
« De forme rondes et longuettes
Ainsi qu'on en voit aux coquettes ».

Elle l'entraîne dans son boudoir. La table est mise, superbe, nappe blanche, vaisselle fine :

« Je vous ai préparé un petit médianoche », susurre-t-elle avec un accent charmant.

C'est la reine Marie-Thérèse qui a introduit en France cette mode espagnole de prendre une collation après minuit. Les Parisiens ont été séduits par l'exotisme...

Mais le repas qui attend le mousquetaire est un peu spécial. Les mets ont tous été choisis pour leurs vertus aphrodisiaques !

Séduire la dame de ses pensées, attirer dans ses rets l'homme de ses rêves, exige une bonne connaissance de la science culinaire. C'est du moins ce que proclament, unanimes, diététiciens et voyantes du siècle de d'Artagnan.

Il est ainsi des mets à bannir de sa table lorsque l'on invite l'âme de son âme. Telles les tristes salades qui relâchent le ventre, ou les soporifiques laitues qui, conciliant le dormir, tempèrent les ardeurs de Vénus.

LES APHRODISIAQUES

D'autres produits, et d'autres plats, favorisent par contre les tendres rapprochements. Les artichauts par exemple, récemment importés en France par la reine Catherine de Médicis. Leurs « culs » possèdent, dit-on, des propriétés hautement stimulantes.

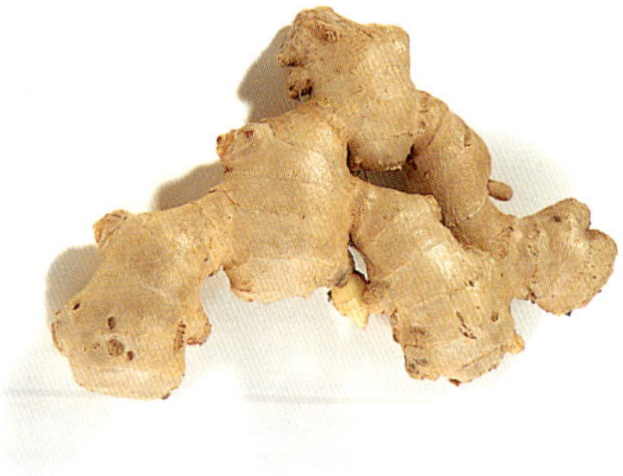

La truffe ne leur cède en rien. Sa renommée, qui date de l'antiquité, n'a jamais pâli. « Elle produit une excitation générale qui dispose à la volupté », écrivait déjà le médecin grec Galien, au second siècle de notre ère.

Le fin du fin est, bien entendu, de concocter un menu qui allie plusieurs comestibles excitants. Sur ce chapitre, pas de meilleures cuisinières que les Gasconnes. Les dames galantes du Sud-Ouest sont maîtresses en l'art de confectionner d'irrésistibles « pâtés composés de menusailles de petits coqs, et culs d'artichauts, et truffes, et autres friandises chaudes », témoigne le seigneur de Brantôme, grand amateur ès gourmandises et gourgandines. Le terme de « menusailles » aujourd'hui banni des dictionnaires, désignait alors les rognons de volailles, encore plaisamment appelés « frivolités » dans les livres de recettes.

Cuisine et thérapeutique ont, en effet, pour ancêtre commune la magie. L'analogie est restée, des lustres durant, le principe fondamental de la médecine et de sa science sœur, la gastronomie. En vertu de quoi, les organes sexuels des animaux étaient tenus pour l'archétype des nourritures aphrodisiaques. Capables de transformer le plus placide des citoyens en un fougueux coq de village. Pigeons et pigeonneaux étaient censés posséder le même pouvoir.

Afin d'en renforcer encore l'effet, les praticiens de l'époque de d'Artagnan préconisaient de les arroser copieusement de certaines épices aptes à flatter les sens, vendues à prix d'or dans les officines du grand siècle : le poivre, le safran, l'ambre gris, pulvérisés au mortier, le musc. Et surtout le gingembre, propre à « éveiller en la vieillesse amour jeune à nouveau ». Ce dernier condiment servait de base au vin « hypocras », dont toutes les bonnes ménagères gardaient un flacon dans leurs armoires pour ranimer la flamme parfois

Menu galant du sieur d'Artagnan

BÉATILLES DE VOLAILLES
ANIMELLES* MARINÉES
CULS D'ARTICHAUTS CONFITS
COMPOTE DE PIGEONS
TRUFFES AU FOUR
NULLE AMBRÉE, ET PIGNOLAT
ASSORTIMENT DE CONFITURES
ÉPICES DE CHAMBRE

Boisson
VIN DE CHAMPAGNE

Liqueur
HYPOCRAS

vacillante de leurs époux légitimes. Un poème de La Loyer conseille :

« Que vers la fin du dessert, on leur porte
L'hypocras rouge ou bien un puissant vin,
La truffe noire avec le fruit du pin ».

Ce « fruit du pin », c'est le « pignolat », une sorte de nougat aux amandes, réputé souverain en choses de l'amour.

Parmi les épices sucrées, dites « épices de chambre », on appréciait encore les clous de girofle, les grains d'anis ou de genièvre enrobés de sucre fondu et recuits dans un poêlon de cuivre. Ils sont bons pour « chasser les vents et favoriser la semence », estimait le médecin Savary. Il était recommandé d'en laisser toujours un plein drageoir au chevet de son lit !

Les confitures

En guise de dessert coquin, les confitures sont toutes indiquées. N'égayaient-elles pas déjà les ébats des galants du *Décaméron* de Boccace ?

Les meilleures recettes de l'époque classique, et les plus originales, ont été imaginées par un personnage étonnant, Michel de Nostredame. Médecin dans le civil et mage pour la postérité. Le monde entier a entendu parler de ses prophéties, mais on ignore généralement que le dénommé Nostradamus se révéla aussi un expert confiturier. Son *Excellent et moult utile opuscule à tous nécessaire qui désirent avoir connaissance de plusieurs exquises recettes*, publié en 1555, inspira des générations de confiseurs apprentis et chevronnés, autant que ses énigmatiques *Centuries* des générations d'astrologues confirmés ou amateurs.

Parmi les gelées, confitures sèches et liquides et autres délicatesses qui termineront agréablement un souper en tête-à-tête, on choisira les « sept-en-gueule », poires muscades confites, si minuscules qu'on peut les avaler sept par sept. Le céleri confit. L'angélique. Et la fameuse confiture de gingembre au miel, excellente pour les femmes « qui par froideur de matrice ne peuvent concevoir, mais qui plus encore profite aux hommes qui ne peuvent accomplir le devoir de nature »...

Le vin de Champagne moderne

Pour accompagner dignement ces mets voluptueux, le vin de Champagne nouvelle manière est de rigueur, « inventé » dans les années 1660 par le cellérier de l'abbaye de Hautevillers, Dom Pérignon. Celui-ci accentua la tendance naturelle qu'avaient les crus de sa région à fermenter, par des ajouts de sucre et de mélasse. D'un vin originellement tranquille, il fait un vin mousseux, notre moderne champagne, dont le succès s'avéra fulgurant.

« C'est maintenant le vin si fort à la mode que tous les autres ne passent presque, chez les curieux, que pour des vinasses », remarque l'auteur de *L'art de bien traiter* en 1674, un an après le décès de d'Artagnan.

Comme Madame de Pompadour quelques décennies plus tard, la belle amie du mousquetaire aurait pu s'exclamer, en faisant « sauter le bouchon » : « C'est le seul vin qu'une femme puisse boire sans s'enlaidir. »

Des antidotes

Hélas, tout plaisir a ses revers si on en abuse. Les roses de Vénus portent des piquants parfois bien amers. « À tous ceux qui auraient le malheur de se trouver atteints de la plus universelle des maladies galantes », le sieur Nicolas de Blégny, docteur en médecine, prône « le bon usage du thé, du café et du chocolat ». Ces breuvages, importés depuis peu sous les cieux de la douce France, pourront leur être d'un recours précieux, assure ce praticien !

Page 161 : nature morte, anonyme, Flandres. Musée des Beaux Arts de Dunkerque. Photo Giraudon

BÉATILLES DE VOLAILLES *(L'Art de bien traiter)* Prenez quelques menus de volailles, à savoir ailerons, foies gras et communs, crêtes, rognons, palais de bœuf et menues parcelles des côtés les plus tendres qui sont vers le haut bout et bien épluchées, quelques petits ris de veau, des queues de champignons, morilles, mousserons, culs d'artichauts en morceaux préalablement blanchis. Lavez bien tout cela. Les blanchissez de même, et passez le tout par la poêle, un peu farinées avec du beurre et du lard fondu à demi roux, une vingtaine de tours. Les versez dans une casserole avec du bouillon, quelques cuillerées de jus, et assaisonnez pour achever la cuisson. Faites une bonne et parfaite liaison. Quatre ou cinq tranches de citron à jus pelé ne les gâteront pas. Arrangez dans une casserole les béatilles, bardez-les de menues tranches de petits lard gras ou entrelardé. Faites cuire dans le meilleur bouillon jusqu'à ce qu'elles soient réduites presque en consistance de liaison toute pure que vous aiderez d'un peu de farine ou de chapelure bien menue et bien passée.

TRUFFES AU FOUR *(La Science du maître d'hôtel)* Nettoyez six grosses truffes. Prenez six gobelets à timbales que vous foncez de pâte brisée. Mettez une truffe dans chaque gobelet avec du sel. Enveloppez de bardes de lard. Couvrez le gobelet avec un autre morceau de pâte en soudant les bords avec de l'eau. Mettez-les à cuire au four pendant une bonne heure. Vous les servirez dans leur pâte, sans sauce.

CULS D'ARTICHAUTS CONFITS *(Le Théâtre d'agriculture)* Pour confire des artichauts, il convient de les prendre jeunes et tendres, non guère grands, pour être capables de si gentille confiture, belle sur plusieurs autres et de plaisante représentation, quand faite au sec, il semble voir l'artichaut sortir fraîchement du jardin avec ses ailerons pointus et entiers et sa naïve couleur verte, telle se la conservant jusqu'à la fin. Les cueillant, l'on leur laissera deux doigts de la queue, afin de les manier aisément. Et sans délayer, pour crainte de la flétrissure, directement du jardin (après toutefois les avoir lavés avec de l'eau fraîche) seront jetés au sel et d'icelui tirés au bout de dix ou douze jours, non devant, pour les dessaler, puis le passage fait, seront arrangés dans la terrine, afin d'y recevoir le sirop. Et, dans autres dix ou douze jours, se trouveront prêts à être séchés recevant leur dernier sucre.

COMPOTE DE PIGEONS *(L'Art de bien traiter)* Prenez les pigeons toujours jeunes et tendres. Troussez-les proprement. Quand ils sont blanchis, on pourra les larder si on veut de gros lard à travers du corps pour leur donner plus de goût, moyennant qu'ils aient été quelque temps saucés en poivre, sel et fines herbes desséchées. Farinez-les pour les passer à la poêle avec le beurre, l'huile et le saindoux, le lard même et de la graisse d'oison si on en a. Quand ils auront pris couleur, vous les empoterez avec du bon bouillon, petit lard et fines herbes. Une heure après ou environ, qui est le temps au plus qu'il faut pour leur parfaite cuisson, vous y verserez quelques cuillerées de vos jus et de vos coulis, béatilles et autres garnitures, pour le tout incorporer ensemble. N'oubliez pas la bordure de citron.

CONFITURE DE GINGEMBRE *(d'après Michel de Nostradamus)* Prenez du gingembre blanc ou du mecquin* car il est meilleur. Vous le ferez tremper dans l'eau chaude pendant trois jours en renouvelant l'eau, puis, au bout de ce temps, le ferez bouillir sans le couper. Vous remettrez les morceaux entiers bouillis dans de l'eau claire, puis les referez bouillir en ajoutant du miel dans l'eau de cuisson : vous renouvellerez cette opération selon votre goût, tout en sachant que plus il garde son piquant originel, puis le gingembre est aphrodisiaque. Égouttez et passez dans un linge.

NULLE AMBRÉE *(Le Cuisinier français)* Cet entremets se fait avec de la crème et du lait bien frais, des jaunes d'œufs délayés, très peu de sel, du sucre, du musc et de l'ambre. Lorsque vous êtes prêt de servir, faites un lit de votre appareil et un lit de jus d'orange et successivement jusqu'au nombre de cinq ou six, puis passez la pelle rouge sur le dessus, garnissez de sucre et de musc ou, à défaut, d'eau de fleur d'oranger, et servez.

HYPOCRAS *(Le Théâtre d'agriculture)* Dans trois chopines, mesure de Paris, du plus exquis vin qu'aurez, blanc ou clairet, seront infusées, une once de fine cannelle bien choisie, mise en poudre, une livre de sucre fin concassé, avec un peu de gingembre pulvérisé, et ce pour sept ou huit heures, reposant toutes ces choses dans un vaisseau bien net et bien fermé. Après, sera le tout passé par la chausse et coulé sept ou huit fois pour en retirer tous les esprits. Finalement l'hypocras parfait par ce moyen, sera serré dans des bouteilles bien étoupées de peur de l'évent, attendant l'usage.

ANIMELLES MARINÉES *(La Science du maître d'hôtel)* Ôtez la peau de six animelles*. Coupez-les par tranches et faites mariner avec sel, poivre, ciboule, une gousse d'ail, quelques rocamboles, le tout entier, et un grand jus de citron. Laissez mariner deux heures. Ensuite, essuyez avec un linge. Trempez dans un peu de blanc d'œuf fouetté. Farinez. Faites frire de belle couleur. Servez garnies de persil frit.

12

LE COUVERT DE MAËSTRICHT

La géographie a prédestiné Maëstricht à jouer un rôle historique. Le nom même de la ville, qui signifie « passage de la Meuse », rappelle son importance stratégique. Les Romains l'avaient déjà compris, qui y établirent le premier pont fortifié sur le fleuve. De tout temps, Maëstricht a constitué un enjeu pour les nations européennes, jusqu'à ce qu'elle devienne le symbole d'une certaine vision de l'Europe, en 1992...

Durant le siècle de d'Artagnan, Maëstricht était la place principale du Brabant hollandais. Ce qui ne manquait pas d'éveiller la convoitise de Louis XIV.

La France, à l'époque, ne brigue rien moins, en effet, que d'annexer les Pays-Bas. Pour renforcer sa frontière du Nord. « Cette annexion formerait à la ville de Paris un boulevard inexpugnable, et ce serait alors que l'on pourrait véritablement l'appeler le cœur de la France et qu'il serait placé dans l'endroit le plus sûr du royaume », constatait déjà le cardinal Mazarin. Le Roi-Soleil a repris cette ligne de conduite. D'autant que les marchands des Provinces-Unies se posent en rivaux bien dangereux pour notre commerce national.

Au printemps 1672, les troupes françaises franchissent la frontière. D'Artagnan est de la partie.

Notre mousquetaire a pris du galon ces dernières années. Passé capitaine-lieutenant des Grands mousquetaires du roi, il va être nommé, dans les premiers mois de l'offensive, gouverneur intérimaire de Lille. Sa Majesté elle-même salue sa valeur. « Nous ne saurions nous reposer sur un sujet plus digne ni qui puisse nous servir plus utilement que vous », lui écrit le monarque.

Il est bien révolu le temps où notre cadet de Gascogne n'avait pour toute monture qu'un bidet de Béarn jaune et boiteux. Il possède à présent deux chevaux de prix qui valent jusqu'à deux mille livres. Et on lui donne du « comte ». Ce qui l'autorise à arborer un blason « *écartelé au un et quatre d'argent à l'aigle éployé de sable ; au deux et trois de gueules au château d'argent flanqué de deux tourelles pavillonnées du même, le tout ouvert de sable* ».

En avril 1673, nouvelle promotion. Le voici brigadier de cavalerie. C'est avec ce grade qu'il prendra part au siège de Maëstricht, en juin. Par un de ces curieux hasards dont l'Histoire a le secret, on signale alors, à ses côtés, la présence d'un petit détachement d'alliés anglais commandés par... John Churchill, l'ancêtre du célèbre Lion de la Seconde Guerre mondiale !

La cité est investie dès le 10. Durant près de quinze jours, les assauts ne cesseront de se succéder, meurtriers, épuisants. Grâce à la vaillance des mousquetaires, et aux qualités de tacticien de d'Artagnan, les Français réussissent enfin à s'installer sous les fortifications ennemies, dans la nuit du samedi 24 juin, fête de la Saint-Jean.

Le lendemain, dimanche, d'Artagnan n'est pas « de jour », ayant payé de sa personne pendant les vingt-quatre heures précédentes. Après un bref repos bien mérité, il a convié ses officiers à venir boire sous sa tente « à la santé du roi ». Après les toasts, il se fait apporter son déjeuner, le plus tranquillement du monde.

Aucun chroniqueur n'a consigné le menu prévu ce jour-là, car l'heure allait être autrement grave. Alors qu'on lui apporte le premier plat, en effet, une formidable explosion ébranle le sol.

D'Artagnan a deviné : les assiégés ont fait sauter une mine, ils contre-attaquent. N'écoutant que son courage, il repousse son assiette, tire son épée, se précipite.

Galvanisés par ce geste, ses mousquetaires l'imitent. Ils repousseront vite l'ennemi. Mais « il en fut tué un grand nombre et ceux qui restèrent avaient tous leurs épées faussées et sanglantes jusqu'aux gardes des coups qu'ils avaient donnés ».

Parmi les morts, Charles de Batz-Castelmore, seigneur d'Artagnan, tombé en première ligne, la gorge traversée par une balle de mousquet. Tué sur le coup.

Averti de la triste nouvelle, le Roi-Soleil sortit de ses quartiers pour saluer la dépouille du brave mort au champ d'honneur. « J'ai perdu d'Artagnan en qui j'avais la plus grande confiance et m'était bon à tout », répétait-il, sincèrement affligé.

Le Gascon avait su se faire aimer des soldats. Tous ses hommes pleuraient. Le fidèle Quarré d'Aligny, son compagnon, résuma le sentiment général : « Si on mourait de chagrin, en vérité je serais mort ! »

Tandis que les mémorialistes peaufinaient leurs panégyriques. Saint-Blaise pouvait écrire dans son *Journal du siège et prise de Maëstricht* : « D'Artagnan et la gloire ont le même cercueil. »

Le héros était entré dans la légende…

III. TOUTES LES AUTRES RECETTES

LES POTAGES

BISQUE D'ÉCREVISSES *(Le Cuisinier gascon)*
Vous avez un bon corps de bouillon de poisson à l'ordinaire. Vous faites un coulis d'écrevisses bien fait à l'ordinaire. Vous avez un ragoût fait de laitances de carpes, culs d'artichauts, champignons, truffes, queues d'écrevisses. Ainsi du reste que vous finissez du coulis d'écrevisses. Vous avez des écrevisses épluchées pour garnir le tour de votre plat. Vous mitonnez votre potage de bon bouillon, le mettez dans son plat garni d'écrevisses, votre ragoût bien arrangé dessus. Masquez du reste de votre coulis, jus de citron, et servez.

Le potage au crabe, de homard, d'araignée et de langouste se fait de même.

POTAGE DE BISETS* AUX CHOUX *(L'Art de bien traiter)*
Mettez à la broche des bisets toujours lardés. Quand ils seront à moitié cuits vous les empoterez avec le meilleur bouillon, ou entiers ou coupés en deux dans le sens de la longueur. Ajoutez-y du petit lard entrelardé, moelle de bœuf, choux frisés, choux de Milan, ou choux communs préalablement blanchis, sel, girofle, épices. Laissez consommer ensuite une bonne heure jusqu'à ce que cela fasse mitonnade. Nourrissez de jus de bœuf et de champignons. Dressez les pigeons sur la mitonnade, et garnissez de choux entrelacés du petit lard bien cuit. Au moment de servir, renversez par-dessus tout cet appareil quelques cuillerées de vos autres jus, coulis ou liaisons pour rendre parfaite la mitonnade.

COQUILLAGES, CRUSTACÉS ET MOLLUSQUES

BOUDINS D'ÉCREVISSES *(La Science du maître d'hôtel)*
Vous prenez un quarteron d'écrevisses que vous faites bouillir un moment. Épluchez-en les queues que vous mettez à part avec les œufs si elles en ont. Pilez toutes les coquilles pour faire un beurre d'écrevisses. Coupez les queues en dés, de la panne en dés, que vous mêlerez avec le beurre d'écrevisses, blanc de volaille cuit à la broche et haché, de la mie de pain mitonnée dans de la crème, les œufs d'écrevisses et dix jaunes d'œufs crus, sel, fines épices. Délayez bien le tout ensemble et l'entonnez dans des boyaux. Faites cuire comme le boudin flanc, et grillez de même.

Pour faire le beurre d'écrevisses, vous prenez les coquilles qui doivent être pilées très fines. Mettez-les dans une casserole avec trois quarterons de beurre fin, faites bouillir à petit feu pendant une heure. Passez ensemble dans une étamine à force de bras en bourrant avec une cuiller de bois. Il faut que ce beurre soit d'un beau rouge. Il peut vous servir pour toutes sortes de sauces qui sont aux écrevisses.

HUÎTRES MARINÉES *(La Science du maître d'hôtel)*
Maniez un morceau de beurre avec de la farine que vous mettez dans une casserole avec de l'eau, du vinaigre, un peu de sel, poivre, persil, ciboule, ail, clous de girofle, échalotes, thym, laurier et basilic. Faites tiédir cette marinade sur le feu. Vous y mettez les huîtres pour les faire mariner deux heures. Égouttez et essuyez avec un linge. Trempez-le dans une pâte à vin. Faites frire de belle couleur. Servez garnies de persil frit.

PETITS PÂTÉS AUX HUÎTRES VERTES *(Le Cuisinier gascon)*
Vous avez une pâte brisée bien fine. Vous en dressez douze petits pâtés comme des petits pâtés de requêtes. Vous avez une farce de foies gras avec lard râpé, persil, ciboule, champignons et truffes hachés, la farce étant faite de bon goût. Vous avez des huîtres vertes ce qu'il vous en faut. Vous les faites blanchir dans leur eau. Étant blanchies, vous les égouttez sur un tamis, vous en gardez l'eau. Vous avez vos petits pâtés tout prêts. Vous mettez de la farce au fond et trois huîtres dessus la farce et de la farce par-dessus les huîtres. Ensuite vous les couvrez d'une abaisse, finis comme des petits pâtés de requêtes, les dorez, et mettez au four. Étant cuits, vous les retirez et les découvrez. Vous avez l'eau de vos huîtres où elles ont été blanchies. Vous la passez à travers du tamis dans une casserole et y mettez deux pains de beurre de Vanves que vous faites fondre avec persil et ciboule hachés bien menu. Étant fondus, vous en mettez dans vos pâtés ce qu'il vous en faut, jus de citron, les couvrez, et servez chaud.

CONSERVES D'HUÎTRES *(L'Art de bien traiter)*
La saison la plus commune pour les huîtres sont les mois de janvier, février et mars. Prenez les plus fraîches, nettoyez-les. Faites blanchir cinq ou six bouillons. Arrangez-les dans un petit pot de grès, au fond duquel vous avez fait un lit de sel. Tous les six rangs, remettez du sel, du poivre entier, du girofle, thym et laurier, jusqu'en haut du pot. Versez-y du vinaigre. Remettez du sel. Faites fondre du beurre écumé. Versez-le dessus, il servira de couvercle à votre marinade et empêcher qu'elle ne prenne le vent. Bouchez avec un bon linge double.

On pourra employer les huîtres ainsi conservées frites ou en beignets, en ragoût avec des morceaux de carpe ou dans une fricassée de tanches. On les fera tremper un quart d'heure dans un peu d'eau chaude ou de la purée claire avant utilisation.

GRENOUILLES EN POULETS *(L'Art de bien traiter)*
Vos grenouilles étant troussées et blanchies, passez-les à la poêle, en beurre roux avec persil et ciboulette menue, sel, épices, fines herbes, écorce de citron ou d'orange. Après une vingtaine de tours, ajoutez coulis ou bouillon. Achevez de cuire. Versez des jaunes d'œufs délayés dans un peu de verjus. Remuez. Retournez deux ou trois fois. Servez garnies de persil frit et de tranches de citron.

LES POISSONS

ANGUILLE À LA BROCHE EN CRÉPINE *(LA SCIENCE DU MAÎTRE D'HÔTEL)*

Dépouillez une grosse anguille. Ôtez la tête, le petit bout de la queue. Fendez-la tout du long pour ôter l'arête du milieu. Ouvrez l'anguille le plus que vous pouvez sans la percer. Mettez dessus une bonne farce grasse de blanc de volaille cuite et bien assaisonnée. Étendez-la tout du long. Unissez avec de l'œuf battu. Roulez l'anguille et l'enveloppez d'une crépine et de deux feuilles de papier. Faites cuire à la broche. La cuisson faite, retirez-la sur une tourtière. Après avoir ôté le papier, panez le dessus avec de la mie de pain. Faites prendre couleur dessous un couvercle de tourtière, ou à la broche. Servez dessous une sauce à la française, ou quelque autre sauce liée un peu piquante.

PAUPIETTES DE BROCHETS *(La Science du maître d'hôtel)*

Prenez deux moyens brochets que vous écaillez et videz. Ôtez la tête et le bout de la queue. Fendez-les en deux. Ôtez-en les arêtes. Ne laissez que la moitié de la chair sur les peaux. L'autre moitié, hachez-la et la mettez dans un mortier avec de la mie de pain desséchée sur le feu avec du lait et froide. Mettez-y avec du beurre, persil, ciboule, échalotes hachées, sel, gros poivre, un peu d'eau-de-vie, six jaunes d'œufs. Pilez le tout ensemble et l'étendez sur les morceaux de brochets. Soudez avec de l'œuf battu. Roulez en paupiettes et ficelez. Faites cuire dans un court-bouillon fait avec vin blanc, bouillon, racines, oignons, un bouquet, sel, gros poivre. La cuisson faite, ôtez les ficelles. Essuyez avec un linge blanc. Servez avec la sauce que vous voulez.

RAGOÛT DE LAITANCES DE CARPES À LA SAUCE À LA CARPE *(La Science du maître d'hôtel)*

Faites suer une carpe avec une tranche de jambon et quelque tranches de veau. Mouillez avec un verre et demi de vin blanc et du blond de veau. Faites cuire une demi-heure. Mettez-y des champignons et un bouquet. Après, mettez les champignons dans une casserole avec des laitances de carpes blanchies à l'eau bouillante. Passez la sauce de carpe dans la casserole aux laitances. Faites cuire à petit feu. Assaisonnez.

Ce ragoût accompagne parfaitement le faisan à la broche.

PAIN DE CARPES À LA SAUCE À LA CARPE *(La Science du maître d'hôtel)*

Écaillez deux moyennes carpes après les avoir vidées. Levez-en les peaux entières sans les déchirer. Prenez la chair que vous coupez par filets. Faites quatre rôties de paie en rond un peu grandes. Vous avez une bonne farce maigre bien assaisonnée. Mettez-en sur chaque rôtie. Après, vous mettrez sur la farce un lit de filets de carpes, un lit de farce. Continuez de cette façon jusqu'à la fin, en terminant par la farce. Si vous avez des laitances ou des truffes, vous en mettrez avec les filets de carpes. Couvrez le dessus avec la peau des carpes. Trempez dans de l'œuf battu. Humectez le dessus avec du beurre. Panez de mie de pain. Faites cuire au four. Servez avec une sauce à la carpe faite avec les débris des carpes.

FILET DE LAMPROIE AUX OIGNONS *(La Science du maître d'hôtel)*

Coupez trois ou quatre oignons et deux gousses d'ail en filets. Mettez le tout dans une casserole avec du persil haché, un peu de beurre, gros comme un dé de sucre, une chopine de vin rouge. Faites bouillir un quart d'heure à petit feu. Mettez-y après une lamproie coupée en filets, avec le sang, du sel et du gros poivre. Faites cuire et réduire au point d'une sauce. Rajoutez un jus de citron au moment de servir.

LES FOIES GRAS

FOIES GRAS EN CRÉPINE *(Le Cuisinier gascon)*

Vous faites une farce de foies gras délicate. Vous avez des crépines que vous étendez sur une serviette. Vous mettez de cette farce dessus et vous avez un foie gras préparé que vous mettez sur cette farce et un peu de farce par-dessus. Vous enveloppez le foie de crépines et vous le mettez au four prendre couleur. Étant cuits, les égouttez et servez avec une sauce à demi liée et un jus d'orange.

Vous les panez si vous voulez.

FOIE GRAS CUIT SOUS LA CENDRE *(Le Cuisinier français)*

Il faut le barder de lard et le bien assaisonner de sel, poivre, clou et un bouquet fort petit, puis l'envelopper avec quatre ou cinq feuilles de papier et le mettre à cuire dans les cendres comme un coing. Étant cuit, prenez garde de perdre la sauce en remuant. Ôtez les feuilles de dessus et servez-le avec celle de dessous, si vous voulez, ou sur une assiette.

FOIES GRAS FRITS *(L'Art de bien traiter)*

Après être blanchis, si les foies sont trop gras, vous les couperez en deux ou trois. Vous les tremperez dans une pâte à beignets non parfumée. Vous les ferez frire bien secs et de belle couleur. Garnissez de fleurs, citron et grenade. Servez avec un jus d'orange et de citron.

PETITS PÂTÉS DE FOIES GRAS AUX TRUFFES *(Le Cuisinier gascon)*

Vous avez des foies gras que vous piquez de truffes. Vous avez une farce de foies gras faite exprès. Vous avez de petits pâtés de requête dressés. Vous y mettez de cette farce au fond, un morceau de foie gras dessus, une truffe de chaque côté et recouvrez de farce. Les finissez et les dorez et les mettez au four. Étant cuits, vous les découvrez et y mettez une petite essence dedans, et servez.

De la même façon, vous pouvez faire des petits pâtés de ris de veau piqués de truffes, de foies de lotte ou de laitances de carpes lardés de truffes.

LES VIANDES

HOCHEPOT DE LANGUE DE BŒUF *(La Science du maître d'hôtel)*

Faites cuire à moitié dans l'eau ou dans la marmite du commun une langue de bœuf. Ôtez-en la peau. Coupez la langue en six morceaux que vous mettez dans une petite marmite avec un morceau de petit lard blanchi coupé en tranches tenant à la couenne et ficelé, toutes sortes de légumes coupés proprement et blanchis, comme carottes, panais, céleri, oignons, un bouquet de fines herbes, clous de girofle, une gousse d'ail. Mouillez de bon bouillon, un verre de vin blanc, un peu de sel, gros poivre. Faites cuire à petit feu. Étant cuit, dressez le tout proprement dans le plat que vous devez servir, ou dans une terrine. Passez la sauce au tamis. Dégraissez-la. Mettez-y un peu de blond de veau. Faites réduire au point d'une sauce. Servez sur la langue et légumes.

CÔTELETTES À LA CENDRE, À LA PÉRIGORD *(La Science du maître d'hôtel)*

Passez sur le feu des côtelettes d'agneau que vous avez appropriées, avec un peu d'huile, persil, ciboule, champignons hachés, sel, gros poivre. Mettez-les dans une casserole foncée de tranches de veau blanchies avec leur assaisonnement et sept ou huit truffes en tranches ou entières. Couvrez de bardes de lard, la moitié d'un citron en tranches. Faites suer à petit feu. Mouillez avec un peu de bouillon. La cuisson faite, prenez le fond de la sauce que vous dégraissez. Passez au tamis. Mettez-y du blond de veau. Dressez les côtelettes avec les truffes, arrosez avec la sauce.

LANGUES DE MOUTON EN PAPILLOTES *(Le Cuisinier gascon)*

Prenez des langues de mouton appropriées et cuites dans un assaisonnement. Vous les égouttez et fendez en deux. Six morceaux sont suffisants pour un plat. Vous avez persil, ciboulette, champignons échalotes hachés que vous passez au beurre et à l'huile. Assaisonnez comme il faut. Étant passés, vous y mettez les langues prendre goût et les laissez refroidir. Étant presque froides, vous les enveloppez dans du papier, morceau par morceau, avec leur assaisonnement et une petite barde de lard dessus et dessous. Étant bien enveloppés dans leur papier, faites griller. Jus de veau dessous en servant.

Vous mettez toutes sortes de viandes de même, comme veau, mouton, agneau et volailles.

CERVELLES DE VEAU EN MATELOTE *(Le Cuisinier gascon)*

Vous avez des cervelles de veau que vous faites tremper, ensuite blanchir. Puis vous les mettez à cuire dans une braise blanche, bien étouffées et mouillées de vin seulement de bon goût. Étant cuites, les égouttez et dressez dans un plat, et les marquez d'un ragoût d'oignons blancs et champignons que vous mettez dans une bonne essence, avec vin de Champagne. Finis de bon goût, masquez vos cervelles et servez les oignons blanchis et cuits dans des bardes de lard et citron pour qu'il soient blancs.

Vous pouvez mettre un beurre d'écrevisses ou au vert ou à la ravigote ou à l'essence claire.

FRAISE DE VEAU AU PARMESAN ET CROÛTONS *(La Science du maître d'hôtel)*

Faites un petit roux de farine et de beurre. Mouillez de bouillon. Faites cuire dedans des petits oignons blancs blanchis un quart d'heure, un peu de sel, poivre. Les oignons cuits, retirez-les, laissez réduire la sauce jusqu'à ce qu'elle soit liée. Mettez-y un peu de beurre et de la moutarde. Prenez une fraise de veau cuite, dégraissée et coupée en petits bouquets. Faites-lui prendre goût dans la sauce sans la faire bouillir. Faites un gratin au fond du plat que vous devez servir avec deux jaunes d'œufs, mie de pain, fromage râpé. Faites attacher sur de la cendre chaude. Dressez dessus la fraise, les petits oignons autour avec des coûtons de pain passés au beurre, la sauce par-dessus. Panez de mie de pain et de fromage. Faites prendre couleur au four. Et servez.

RISSOLES DE TÉTINES DE VEAU *(Le Cuisinier gascon)*

Prenez des tétines de veau cuites, bien blanches. Vous les coupez entières, et entre deux morceaux glissez un peu de farce. Fondez avec des œufs. Faites-les frire dans une pâte légère de belle couleur. Vous en pouvez faire des roulades en brochettes, et cela est bien délicat, panées et grillées.

LES VOLAILLES

CUISSES DE CANARD EN CRÉPINE *(Le Cuisinier gascon)*

Prenez six cuisses de canard bien propres. Vous les étouffez. Étant cuites, vous les égouttez. Vous avez une crépine ce qu'il vous en faut. Vous l'étendez sur une table. Vous avez un hachis de perdrix fini. Vous en mettez sur vos crépines, une cuisse par-dessus et du hachis dessus la cuisse. Vous les enveloppez et les mettez au four prendre couleur, et les servez dans leur plat avec une sauce claire à l'échalote ou à l'orange. Les estomacs vous servent à faire piquer, à faire des filets, ou à ce que vous voulez.

GRENADIN DE CANARD GLACÉ *(La Science du maître d'hôtel)*

Désossez à forfait un canard après l'avoir flambé, vidé et épluché. Prenez un ris de veau blanchi, des champignons, des cornichons, le tout coupé en dés. Mêlez ensemble persil, ciboule, échalotes, sel, gros poivre, lard râpé, deux jaunes d'œufs crus. Mettez ce salpicon* dans le canard. Cousez-le comme une bourse et faites-lui prendre la forme d'une boule. Faites revenir dans une casserole sur le feu avec un peu de beurre. Piquez tout le dessus de menu lard. Faites cuire et glacer comme un fricandeau*.

CUISSES D'OIE GRILLÉES À LA RÉMOULADE *(La Science du maître d'hôtel)*

Faites cuire deux cuisses d'oie à la braise. Trempez-les dans le gras de leur cuisson. Panez avec de la mie de pain. Arrosez après légèrement avec de l'huile. Faites griller de belle couleur. Servez à sec, une rémoulade dans une saucière. Délayez dans une casserole un peu de moutarde, sel, gros poivre, câpres, anchois, persil, ciboule, une pointe d'ail, le tout haché très fin, un peu de vinaigre et de l'huile suffisamment.

CRÉPINES DE PIGEONS À LA SAINTE-MENEHOULD *(La Science du maître d'hôtel*

Plumez à sec trois moyens pigeons. Faites-les refaire, et coupez-les par la moitié. Mettez cuire dans une bonne braise bien assaisonnée. Quand ils sont cuits et refroidis, prenez une farce de volaille cuite que vous mettez autour des pigeons. Enveloppez de crépine, soudez et trempez avec de l'œuf battu. Panez de mie de pain. Arrosez légèrement tout le dessus avec de l'huile. Faites prendre couleur au four. Servez avec une bonne sauce un peu piquante.

PIGEONS À LA PÉRIGORD *(Le Cuisinier gascon)*

Ce sont des pigeons marqués comme à la poêle. Vous les piquez de truffes en lardons et les faites cuire dans un fond à l'ordinaire, leur sauce dessous.

POULARDE À LA CARDINAL *(La Science du maître d'hôtel)*

Troussez les pattes d'une poularde, après l'avoir flambée et vidée. Détachez la peau d'avec la chair sur l'estomac. Mettez-y partout du beurre d'écrevisses. Farcissez le dedans avec son foie, du lard râpé, du persil, des ciboules hachées, du sel, du gros poivre, et deux jaunes d'œufs. Cousez la poularde. Faites-la cuire à la broche enveloppée de lard et de papier. Servez avec un ragoût de queues d'écrevisses. Mettez les queues et les œufs d'écrevisses, si vous en avez, à cuire avec un peu de bon bouillon, un demi-verre de vin blanc, du blond de veau, sel et gros poivre. En servant, mettez y un peu de beurre d'écrevisses. Faites lier sans qu'il bouille. Servez dessus la poularde.

POULARDE À LA TOULOUSE *(La Science du maître d'hôtel)*

Désossez à forfait une poularde en commençant par le col. Prenez garde de percer la peau. Remplissez-la d'un ragoût de ris de veau, truffes, champignons, bien fini et courte sauce. Foncez une casserole de tranches de veau blanchies. Mettez la poularde dessus après l'avoir cousue et lui avoir donné la forme comme si elle n'était point désossée. Couvrez de bardes de lard, ajoutez un demi-citron en tranches. Mouillez avec un verre de bouillon, assaisonnez d'un peu de sel et de gros poivre. Faites cuire à petit feu. La cuisson faite, prenez le fond de la sauce que vous dégraissez. Passez au tamis. Mettez-y un peu de blond de veau. Servez sur la poularde.

POULETS À LA BAUBOUR *(Le Cuisinier gascon)*

Vous avez des poulets. Vous enlevez les ailes et les blancs à cru et vous pincez comme pour faire des brésolles. Vous les mettez à mariner à l'huile avec fines herbes hachées, assaisonnement ordinaire. Vous faites six caisses en entier de papier humecté d'huile partout. Vous mettez vos filets dedans, et les mettez cuire entre deux plats, feu dessus et dessous. Étant cuits, vous mettez dans chaque caisse une cuillerée de sauce à la carpe et servez.

Perdreaux, poulardes et autres viandes peuvent s'accommoder de même. Les cuisses vous serviront à faire une autre entrée.

POULETS ROULÉS À L'ANGUILLE *(Le Cuisinier gascon)*

Vous avez deux poulets bien épluchés. Vous les désossez. Vous les étendez sur une serviette et vous y mettez une farce de foie gras dessus et ensemble vous y arrangez des filets d'anguille et jambon, les roulez de leur long et les ficelez. Vous avez une anguille que vous faites piquer, ensuite vous la coupez en trois de la longueur des poulets. Vous avez une casserole garnie de lard, veau et jambon. Vous mettez les poulets et l'anguille dedans, et couverts de même que dessous de bon goût, et les faites cuire doucement, un verre de Champagne dedans, et un peu d'huile. Étant cuits, vous les égouttez, qu'ils soient bien blancs. Et l'anguille, vous la glacez d'une belle glace, et dressez vos poulet et les deux autres à côté. Leur fond sert de sauce toute claire. Jus de citron, servez.

Toute viande blanche de même.

LAPEREAU À LA MOSCOVITE *(La Science du maître d'hôtel)*

Coupez en six morceaux un fort lapereau que vous passez sur le feu avec un morceau de bon beurre. Mettez-y un verre d'eau-de-vie. Quand elle commencera à bouillir, mettez-y le feu avec un morceau de papier allumé. Laissez-le brûler jusqu'à ce qu'elle s'éteigne d'elle-même. Après, vous y mettrez des champignons, un ris de veau blanchi coupé par morceaux, une gousse d'ail, deux clous de girofle, une feuille de laurier, du basilic, sel, gros poivre, du bouillon, du blond de veau. Faites cuire. Dégraissez. Servez à courte sauce.

LES SAUCES

SAUCE À L'ASPIC *(Le Cuisinier gascon)*

Vous mettez dans une casserole tranches de veau et jambon, ail, échalotes, un bouquet piqué d'un clou, un peu de coriandre, du macis*, du gingembre, de la cannelle, un peu de baume*, de l'huile, deux tranches de citron, un verre de vin de Champagne, deux verres de bouillon. Faites bouillir le tout doucement, et réduire à une petit sauce. Étant réduit, vous y mettez un verre de vinaigre blanc, et laissez bouillir jusqu'à ce que vous trouviez votre sauce à point. Passez au clair et servez.

Vous pouvez la lier à demi bien dégraissée, et marquez à ce que vous voulez.

SAUCE À LA CARPE *(Le Cuisinier gascon)*

Vous passez oignons et champignons ensemble. Étant à demi roux, vous les mouillez avec vin blanc bouilli et jus. Vous avez un petit roux que vous mettez dedans, et vous y mettez votre carpe cuire comme à l'étuvée. Étant cuite de bon goût, vous passez cette sauce à l'étamine claire, finie de bon goût. Vous avez des œufs de votre carpe que vous avez fait cuire. Vous les dégraissez dans votre sauce et marquez à ce que vous avez destiné, comme poulets, perdreaux, faisans, et autres viandes.

SAUCE À L'ESPAGNOLE *(Le Cuisinier gascon)*

Vous foncez une casserole de deux noix de veau, de tranches de jambon, deux perdrix ou perdreaux au fumet, un bouquet. Vous faites suer le tout et attachez légèrement, et mouillez du coulis ordinaire, vin de Champagne, huile, assaisonnement ordinaire, un peu de coriandre, trois tranches de citron. Étant cuite de bon goût, vous vous en servez à ce que vous voulez.

SAUCE À LA FRANÇAISE (SE SERT EN GRAS) *(La Science du maître d'hôtel)*

Foncez une casserole de zestes de lard, oignons, jambon, bardes de veau, un bouquet de persil, ciboule, une gousse d'ail, deux clous de girofle et du basilic. Faites suer sur le feu et prêt à glacer. Mouillez avec du bon bouillon, un verre de vin blanc, la moitié d'un citron en tranches. Faites cuire à petit feu. Passez au tamis. Mettez-y un jaune d'œuf dur haché, du persil blanchi haché, sel et gros poivre. Faites chauffer et servez.

SAUCE À LA GARONNE *(La Science du maître d'hôtel)*

Faites bouillir un demi-setier de vin blanc avec un verre de bon bouillon, la moitié d'un citron en tranches, deux gousses d'ail, un peu d'estragon, deux bonnes pincées de chapelure de pain, un demi-verre d'huile, sel et poivre. Faites réduire au point d'une sauce. Dégraissez et passez au tamis. Servez.

SAUCE À LA GASCOGNE (POUR PÉRIODE DE MAIGRE) *(La Science du maître d'hôtel)*

Hachez très fin des truffes, des champignons, une demi-gousse d'ail, persil et ciboule. Passez sur le feu avec un peu d'huile. Mouillez de jus maigre et de vin blanc, mettez-y une pincée de farine, sel et gros poivre. Faites cuire, dégraissez et réservez.

SAUCE À LA GASCOGNE (POUR JOURS GRAS) *(La Science du maître d'hôtel)*

Hachez très fin des truffes, des champignons, une demi-gousse d'ail, persil et ciboule. Passez sur le feu avec un peu d'huile. Mouillez de blond de veau, un verre de vin blanc, sel et gros poivre. Faites cuire, dégraissez et vous en servez.

SAUCE À LA NOÉ *(Le Cuisinier gascon)*

Vous prenez une noix de veau, un morceau de jambon et un poulet concassé, le tout coupé en dés, deux gousses d'ail, trois rocamboles, trois échalotes, quatre champignons, un bouquet, deux tranches de citron. Faites suer le tout ensemble sans attacher. Mouillez de deux verres de vin de Champagne bouilli et deux verres de bouillon. Faites réduire le tout à une petite sauce bien dégraissée. Finie de bon goût, passez à travers d'un tamis bien clair. Étant passée, vous y mettez un peu de persil haché bien menu. En servant, pour y donner du goût, vous y mettez de l'estragon, cerfeuil, truffes, cornichons, ou des truffes en tranches ou hachées, cela distingue le goût, des jaunes d'œufs hachés et échalotes, enfin tout ce que vous voulez.

Cette sauce sert au gibier, la volaille et à la grosse viande.

SAUCE BACHIQUE *(Le Cuisinier gascon)*

Vous mettez dans une casserole une demi-bouteille de vin de Bourgogne, sucre, cannelle, girofle, écorce de citron vert, muscade et coriandre. Quand cela est réduit à petite sauce à demi liée, vous la passez à travers du tamis dans une casserole, et vous vous ne servez à mettre ce qui est nécessaire comme levraut, lapereau et autres.

SAUCE DU PAUVRE HOMME *(Le Cuisinier gascon)*

Vous prenez un oignon blanc, échalotes, rocamboles, ail. Pilez bien le tout. Ajoutez un peu d'eau, un verre de vin bouilli. Assaisonnez de bon goût, ajoutez un jus d'orange. Passez le tout à l'étamine, bien fort. Étant passé, ajoutez du gros poivre et servez. Mettez dans une saucière pour rôts. Cette sauce peut vous servir à mettre dessous une entrée.

SAUCE POUR LES DARNES DE SAUMON *(L'Art de bien traiter)*

Vous ferez une sauce blanche avec beurre frais, verjus, citron, orange, poivre, sel menu, un anchois battu. Délayez le tout ensemble et ajoutez-y une cuillerée de liaison ou jus d'écrevisses s'il y en a, et versez chaudement dessus.

SAUCE POUR LES DARNES DE SAUMON FRAIS (SECONDE RECETTE) *(L'Art de bien traiter)*

Ce sera une sauce rousse, qui se fait ainsi : faites fondre du beurre frais, et quand il sera roux, jetez dedans du persil haché menu, deux ou trois anchois. Préparez peu de bouillon de poisson ou de purée sans herbes, quelque jus ou liaison, câpres, sel, épices, une cuillerée de verjus et moitié autant de vinaigre. Faites en sorte que cette sauce se lie parfaitement, et versez-la sur vos darnes aussitôt pour donner à manger chaudement. Car telles sauces réchauffées tournent facilement en huile.

Observez, je vous prie, pour toutes les sauces de poisson généralement, qu'il ne faut jamais les faire que peu avant manger, si ce n'est des ragoûts que l'on fait de longue main et qui se conservent et s'entretiennent bien mieux en liaison et en consistance, s'incorporant par leur cuisson avec le poisson même.

SAUCE AU SINGE VERT *(Le Cuisinier gascon)*
Prenez un fond de sauce à la Noé au blanc, très claire. Vous y mettez dans une casserole ce qu'il vous en faut. Vous avez du cerfeuil cru que vous faites filer et vous en tirez le vert à travers une serviette. Vous délayez deux jaunes d'œufs avec ce vert, et vous en liez votre sauce finie de bon goût relevée, et marquez ce que vous voulez mettre au vert.

Vous pouvez tirer toute sorte de vert de cette façon, comme persil, cerfeuil, estragon, cresson alénois, pimprenelle et autres herbes. Vous pouvez les faires blanchir si vous trouvez qu'elles soient trop fortes à cru, et les pilez pour en tirer le vert en passant sur le cul d'un tamis de crin.

LES GIBIERS

ALOUETTES AUX ŒUFS *(Le Cuisinier gascon)*
Vous avez des alouettes cuites à l'étouffade, de bon goût, qui aient leurs têtes. Étant cuites, vous les mettez mijoter dans une sauce hachée. Après vous avez des coquilles d'œufs bien propres que vous avez vidées. Vous mettez vos alouettes dans ces coquilles avec de la sauce hachée, que la tête dépasse par le bout de l'œuf. Vous les arrangez dans votre plat et vous avez des œufs pochés à l'eau, que vous entrelacez entre deux coquilles, et les masquez d'une sauce claire sur les œufs et rien sur les coquilles, elles portent leur sauce. Et servez.

ALOUETTES EN SURPRISE *(La Science du maître d'hôtel)*
Flambez et videz douze alouettes. Ôtez les pattes et le col. Fendez-les par-derrière pour les désosser le mieux que vous pourrez. Hachez tout ce qu'elles ont dans le corps hors le gésier. Mêlez ce que vous avez haché avec lard râpé, persil, ciboule, un jaune d'œuf. Farcissez les alouettes et ficelez. Faites cuire dans une petite braise. Mettez-les après à refroidir. Prenez des œufs que vous videz proprement en coupant la coquille avec des ciseaux de façon que le dessus puisse vous servir. Lavez les coques. Mettez dans chaque œuf une alouette avec un peu de salpicon cuit ou froid. Remettez le dessus avec le dessous de façon que l'œuf paraisse entier. Soudez avec du jaune d'œuf. Faites la même chose avec toutes les alouettes et mettez à cuire au bain-marie dans un coquetier. Il ne faut que le temps qu'ils soient chauds. Servez comme des œufs frais dans une serviette.

BÉCASSES À LA SAUCE À LA BÉCASSE *(La Science du maître d'hôtel)*
Flambez et videz deux bécasses par le dos. Prenez le dedans d'une que vous hachez avec du lard râpé, persil, ciboulette, échalotes hachées, sel, gros poivre. Liez de deux jaunes d'œufs. Farcissez les bécasses. Cousez et faites cuire à la broche enveloppées de lard et de papier. Prenez le dedans de l'autre bécasse que vous écrasez et le mettez dans une casserole avec un verre de bon vin rouge, un peu de blond de veau, du bouillon, de l'échalote hachée, sel, gros poivre. Faites bouillir un demi-quart d'heure. Passez la sauce au tamis. Mettez un jus de citron. Servez sur les bécasses.

CERF ET CHEVREUIL À LA BROCHE *(La Science du maître d'hôtel)*
Laissez mortifier la viande. Faites refaire sur de la braise. Piquez. Marinez avec sel, poivre, tranches d'oignons, gousses d'ail et vinaigre. Faites-les bien cuire à la broche, après les avoir enveloppés de papier beurré. Servez dans une saucière une poivrade liée.

GRAISSE D'OIE *(Le Théâtre d'agriculture)*
Grasses que soient les oies, on les tue puis on les plume et après on les écorche. La peau, où consiste la graisse, est hachée menu et mise à cuire à la poêle, d'où, à la manière de la graisse de pourceau, celle-ci est retirée et finalement y ayant mis un peu de sel est logée dans des vases de terre vitrés en dedans. Ainsi elle se conserve longuement pour l'appareil des viandes, auquel usage elle surpasse en bonté et délicatesse toute autre, et a cette propriété que sans jamais geler ni s'affermir. La chair est salée à la manière du lard, pour servir de provision durant l'année.

GRIVES À L'EAU-DE-VIE *(La Science du maître d'hôtel)*
Troussez les pattes de cinq grives après les avoir vidées. Mettez-les dans une casserole avec un morceau de bon beurre. Passez-les sur le feu. Mettez-y une pincée de farine. Mouillez avec un grand verre d'eau-de-vie. Quand elle est sur le point de bouillir, faites-y prendre le feu avec du papier allumé. Laissez brûler jusqu'à ce que le papier s'éteigne de lui-même. Mettez après du bouillon, du blond de veau, un ris de veau blanchi coupé par morceaux, des champignons, un bouquet. Faites cuire le ragoût. Dégraissez. Assaisonnez de sel et gros poivre. Servez à courte sauce.

LEVRAUT À LA DILIGENCE *(La Science du maître d'hôtel)*
Dépouillez un levraut tendre que vous videz et coupez en six morceaux. Passez sur le feu avec un morceau de beurre. Mettez-y une pièce de farine, le foie, persil, ciboule, échalotes hachées, sel, gros poivre. Mouillez de bouillon et d'un verre de vin rouge. Faites cuire sans remuer. Un bon quart d'heure suffit pour la cuisson. En servant, un filet de vinaigre.

PIGEONS RAMIERS À LA BROCHE
(Le Pourtraict de la santé)
Pour les manger bons il ne les faut point larder, ains leur faire donner dix ou douze tours de broche seulement, puis on les flambe avec du lard. Et on les mange avec une grande délicatesse et friandise, étant encore tout sanglants avec la sauce ou du jus de grenades où elles abondent, ou du jus d'orange ailleurs.

PERDREAUX À L'EAU-DE-VIE *(Le Cuisinier gascon)*
Vous avez des perdreaux bien proprement habillés. Retroussez les pattes sur l'estomac. Vous les fendez sur les

dos, vous y mettez dedans un lard râpé avec leurs foies. Ensuite vous les mettez à cuire entre des bardes de lard, veau et jambon. Assaisonnez de bon goût. Vous les faites aller doucement. À la moitié de la cuisson, vous y mettez un poisson* d'eau-de-vie. Étant cuits, vous les retirez et passez leur assaisonnement dans lequel vous mettez une cuillerée d'essence, un pain de beurre de Vanves dedans. Que la sauce ne soit point trop longue. Jus d'orange, gros poivre, et servez.

SAUCISSON DE SANGLIER *(Le Cuisinier gascon)*
Vous prenez douze livres de chair de sanglier. Vous l'arrosez d'un peu de vin muscat et la mettez dans un linge blanc entre deux planches chargées de pierres. Deux jours après, prenez six livres de panne et hachez la chair et la panne ensemble en gros. Vous prenez une once de macis en poudre, une once de girofle écrasé. Assaisonnez la viande de douze onces de sel et mêlez le tout ensemble. Arrosez de vin muscat, et laissez dans une terrine douze heures. Vous y mettez un peu de salpêtre pour raidir rougir. Après, vous entonnez le tout dans des boyaux de porcs des plus grands, avec des oreilles coupées en filets que vous mêlez dans les boyaux. Étant pleins, vous les mettez à égoutter deux jours et les mettez à fumer jusqu'à ce qu'ils soient bien secs, et vous vous en servez.
Les saucissons de porcs seront de même, huit livres de chair de porc et quatre livres de tranches de Bayonne, le reste de même. Servir à cru.

SANGLIER À LA BROCHE *(La Science du maître d'hôtel)*
Il se fait comme le cerf et le chevreuil.
Ne pas faire mariner le marcassin.

LES LÉGUMES

ARTICHAUTS À LA GASCOGNE *(La Science du maître d'hôtel)*
Prenez trois ou quatre artichauts que vous appropriez dessus et dessous. Faites cuire un quart d'heure dans de l'eau. Ôtez le foin. Mettez sur une tourtière avec un quarteron d'huile, deux gousses d'ail entières, sel, gros poivre. Faites cuire sur la cendre chaude feu dessous et dessus. Quand ils sont cuits, ôtez les gousses d'ail, servez à sec avec un jus de citron.

ASPERGES EN FRICASSÉE *(Les Délices de la campagne)*
On les fricasse en les coupant, encore crues, de la longueur d'un travers de doigt, en commençant par le bouton et en coupant toujours tant qu'elles seront tendres. Ou bien on les coupe en petites billes, pour les déguiser en forme de pois verts, lorsqu'elles sont encore chères, puis on les fricasse avec de l'eau, du lard, de la graisse, de la moelle ou du beurre, les salant et assaisonnant d'épices autant que vous voulez. Vous ajouterez sur la fin de la cuisson de la crème douce, si vous voulez faire une sauce épaisse. Les feuilles de pois verts hachées donnent un goût qui est fort semblable à celui des pois tendres.

CHOUX AUX MARRONS ET SAUCISSES *(Le Cuisinier gascon)*
Prenez un chou entier. Vous le faites blanchir. Étant froid, vous avez des marrons cuits avec des saucisses que vous mettez dans le milieu de votre chou, et le renveloppez avec ses feuilles, le ficelez et le faites cuire à la braise. Étant cuit, l'égoutter et le servir avec une sauce hachée ou une essence.
Vous faites des petits choux de même, six pour un plat.

CONCOMBRES FARCIS (POUR JOURS MAIGRES) *(Les Délices de la campagne)*
Il faut les peler légèrement, puis les couper par moitié en travers, ôter l'intérieur avec un couteau étroit et les remplir avec de la farce faite de chair de carpes, de tanches, de brochets. Vous y ajouterez du beurre, un ou deux œufs de poule, l'assaisonnerez d'épices composées. Un peu de persil haché menu donnera bon goût. Vous pétrirez et mélangerez bien le tout ensemble, en remplirez vos concombres, les ferez cuire dans un pot à part avec du bouillon des jours maigres, qu'on obtient avec les têtes, les arêtes et les écailles des poissons dont on aura enlevé la chair pour la hacher. Vous les retournerez doucement pour les faire cuire également des deux côtés.

MORILLES GRILLÉES *(La Science du maître d'hôtel)*
Mettez dans une casserole sur un très petit feu des morilles bien lavées et égouttées. Faites-les suer jusqu'à évaporation de l'eau. Ajoutez persil, ciboule, échalotes hachées, sel, gros poivre, un bon morceau de beurre. Faites chauffer et embrochez sur des hâtelets ou petites brochettes. Panez de mie de pain. Faites griller à petit feu en arrosant de temps en temps avec le restant de marinade. Quand elles sont de belle couleur, servez à sec, ou avec petite sauce légère.

MOUSSERONS *(Les Délices de la campagne)*
C'est une espèce de champignons tout blancs qui ne viennent qu'au mois de mai cachés sous la mousse. Il faut les éplucher, les laver et les mettre à cuire dans un court-bouillon, lequel se fait avec du vin, du verjus, du vinaigre, de la ciboule, du sel, des épices, des oranges, du citron et quelques fines herbes ou laurier. Puis on les retire et on les met dans de la crème douce avec un peu de leur court-bouillon. Les jours gras, la moelle de bœuf et le jus de gigot feront aussi de bons assaisonnements. Quelques personnes ne les lavent que dans du vin, et les fricassent dans la poêle au lard doux fondu, en les assaisonnant de sel, d'épices et de jus d'orange. On frit aussi les plus gros, trempés dans la pâte à beignets, ou sans pâte avec la farine seule.

SALSIFIS COMMUNS *(Les Délices de la campagne)*
Ils se cuisent dans l'eau, se pèlent et s'assaisonnent à la sauce d'Allemagne, qui se fait en mettant du beurre dans un plat, avec du sel, de la muscade et un peu de vinaigre. Puis vous mettez le plat sur le feu, tournant avec une cuiller

jusqu'à ce que le beurre soit fondu. Versez sur les salsifis et servez sans attendre, car si on les laissait davantage sur le feu ou qu'on les réchauffât, le beurre s'éclaircirait comme de l'huile. Vous pouvez ajouter de la crème douce.

TRUFFES À LA MINUTE *(La Science du maître d'hôtel)*
Pelez des truffes que vous coupez par tranches. Mettez dans le plat dans lequel vous devez les servir, avec persil, ciboule, échalotes hachées, sel, gros poivre et un peu d'huile. Couvrez le plat. Mettez sur le feu. Faites cuire d'un côté. Retournez. Il ne faut qu'un moment pour la cuisson. Servez avec un jus de citron.

TRUFFES AU NATUREL *(L'Art de bien traiter)*
Lavez les truffes à l'eau chaude pour ôter la terre. Brossez-les avec une brosse dure jusqu'à ce qu'elles soient propres. Faites-les cuire au vin rouge, poivre entier, girofle, force sel, laurier, thym, romarin, écorce de citron et orange. Compter une petite heure de cuisson. Laissez-les reposer dans leur court-bouillon jusqu'à ce qu'elles soient refroidies. Servez sur une serviette blanche avec quantité de fleurs.

TRUFFES AU NATUREL (SECONDE RECETTE) *(La Science du maître d'hôtel)*
Prenez de belles truffes bien lavées et nettoyées. Enveloppez chacune de cinq ou six morceaux de papier. Humectez le papier. Et faites cuire dans de la centre chaude pendant une bonne heure. Ôtez le papier. Essuyez les truffes. Servez chaud dans une assiette.

CONSERVES DE TRUFFES *(Le Théâtre d'agriculture)*
Les truffes sont gardées saines et entières dans le vinaigre. Ce sera avec leur écorce, sans les peler ni couper qu'on les jettera dans le vinaigre, car là consiste le plus savoureux. Seulement on les lavera avec de l'eau et du vin, pour leur ôter la terre et autres ordures. Les truffes sucent fort le vinaigre dont advient qu'elles se rendent importunément aigres, qui est la cause qu'avant de les manger, l'on les trempe dans l'eau douze ou quinze heures. Après, sont cuites dans le beurre avec épices et autrement appareillées comme l'on désire.

LES FRUITS

AMANDES CONFITES AU SEC *(L'Art de bien traiter)*
On les blanchira cinq ou six bouillons après qu'elles seront bien nettoyées de leur peau. Versez-les dans du sucre bien pulvérisé, réduit presque à la consistance de conserve. Glacez avec des eaux odoriférantes et du sucre en poussière. Mettez sécher dans l'étuve en retournant de temps en temps.

MARRONS GLACÉS *(L'Art de bien traiter)*
Quand ils seront cuits sans être brûlés, on les pèlera pour les aplatir avec le pouce, et les tremper au même instant dans une composition faite avec des blancs d'œufs, de l'eau rose ou de fleur d'oranger, le tout battu ensemble. Faites en sorte que le glacis soit fort par l'augmentation du sucre et des eaux de senteur. Mettez-les ensuite devant un feu raisonnable, ou dans une tourtière au four, et les retournerez de temps en temps, quand ils auront leur glacis comme il faut. Dressez en pyramides sur une assiette, saupoudrez de sucre en poussière et d'eau de fleur d'orange, et garnissez le tout de boutons de fleurs confites, ou de fleurs naturelles si vous en avez.

RAISINÉ *(Le Pourtraict de la santé)*
On le fait de raisins noirs, délicats et bien mûrs, lesquels après avoir gardé quelque dix ou douze jours, pour les emmatir, sont esgrumés, les déchargeant des draches ou rafles. Puis pressés entre les mains, mis après dans le chaudron, au fond duquel l'on jettera quelque peu d'eau claire et du sel pour le tout ensemble y bouillir, jusqu'à ce que les deux tiers soient consumés.
Restant le tiers assez épais, lequel par après l'on passera par une couloire de cuivre percée à petits trous. Finalement sera le raisiné mis à reposer dans des vases de terre vitrée en lieu frais où se conservera longuement, s'endurcissant avec le temps.

TOURTE AU MUSCAT *(Le Cuisinier gascon)*
Vous avez du muscat égrainé. Vous avez un sucre bien clarifié qui soit un peu fort. Vous jetez votre muscat dedans et le retirez de dessus le feu. Étant froid, vous avez une tourtière foncée d'un beau feuilletage, et le bord un peu élevé, vous mettez votre muscat dedans. Il ne la faut point bander. Vous mettez au four. Étant cuite, vous la glacez et servez. Tout autre raisin peut être utilisé de même.

LES LIQUEURS

HYDROMEL *(Le Théâtre d'agriculture)*
Étant l'hydromel fait de huit pintes d'eau et une de bon miel, bouilli à consomption de la moitié, y ajoutant, à la fin, une once d'eau-de-vie, se rendra excellent et de longue garde, sans se corrompre, l'espace de dix à douze ans.

HYPOCRAS (SECONDE RECETTE*(Le Théâtre d'agriculture)*
Prenez une once et demie de fine cannelle, une demi-once de racine d'iris de Florence, une dragme de graine de paradis, autant de gingembre, le tout mis en poudre ; une livre demi quart sucre fin concassé. Ces choses seront infusées par la chausse ; y ajoutant lors cinq ou six amandes douces, concassées ou un peu de lait de vache, pour clarifier l'hypocras, et le conserver longuement en bonté, sans s'éventer ni sentir le vase.

ANNEXES

1. LES MESURES

Sous l'Ancien régime, les mesures – de capacité, de quantité, ou de longueur – variaient selon les régions. Nous avons opté pour des valeurs moyennes, utiles aux maîtres queux et cuisinières qui voudraient refaire les recettes de d'Artagnan.

CAPACITÉS

– poisson = 0,119 litre

– demi-setier = un quart de pinte, ou 0,238 litre (équivalence moderne : 1/4 de litre environ)

– setier = chopine = une demi-pinte (soit environ 1/2 litre)

– pinte de Paris = environ 0,931 litre

– velte = 8 pintes, ou 7,6 litres

– muid = 288 pintes, soit 274 litres

POIDS

– grain = l'équivalent de 53 mg

– denier = 24 grains (soit 1,27 gramme)

– scrupule = petit poids de 24 grains

– gros = 3 deniers, ou 3,83 grammes

– dragme, ou drachme = 1 gros, ou 1/8 d'once

– once = 8 gros (soit 30 grammes et demi)

– quarteron = un quart de livre ou 4 onces (soit 123 grammes)

Pour les denrées vendues au cent, le quarteron correspond à 25 unités.

– livre = 16 onces, soit 490 grammes.

2. GLOSSAIRE

Ains = mais.

Animelles = ancienne sorte de manger délicat, nom des parties délicates et molles qui se mangent, telles que les glandes sexuelles de l'animal.

Arroche = plante à feuilles triangulaires dont une espèce pousse au bord de la mer et une autre est cultivée comme légume.

Baume = nom désignant un grand nombre de plantes, notamment les « menthes ».

Béatilles = ensemble culinaire de menus aliments que l'on emploie comme garniture.

Bigarade = orange amère.

Biset = pigeon sauvage de couleur bise.

Brésolles = rouelles.

Calonière = tuyau.

Chique = gobelet.

Dégoût = jus produit par la cuisson.

Épiceries = épices.

Fricandeau = pièce de noix de veau lardée que l'on met à braiser.

Gâche = spatule du pâtissier.

Macis = tégument de la noix muscade utilisé comme aromate.

Mauviette = l'alouette quand elle est grasse et bonne à manger.

Mecquin = gingembre importé d'Arabie, de La Mecque.

Mignonnette = poivre concassé.

Panne = graisse qui se trouve sous la peau du cochon.

Poirée = plante potagère du genre bette.

Poisson = mesure, équivaut à environ 0,12 litre.

Quarteron = « quart d'un cent », soit 25 pièces.

Ragot = petit.

Rocambole = espèce d'ail qui porte au sommet de la tige des bulbilles pouvant servir à la multiplication.

Salpicon = préparation d'aliments découpés en petits dés.

Viande = nourriture = aliments.

3. BIBLIOGRAPHIE GÉNÉRALE

– Cuisinier (Le), où il est traité de la véritable méthode pour apprêter toutes sortes de viandes, gibier, volatiles, poissons tant de mer que d'eau douce ; suivant les quatre saisons de l'année. Ensemble la manière de faire toutes sortes de pâtisseries tant froides que chaudes, en perfection , *1656*.

– Cuisinier gascon (Le).

– Cuisinier méthodique (Le), où est enseigné la manière d'apprêter toute sorte de viandes, poissons, légumes, salades et autres curiosités, utile à toute sorte de personnes, *1691*.

– Dons de Comus ou les délices de la table (Les).

– Maître d'hôtel (Le), qui apprend l'ordre de bien servir sur table et d'y ranger les services. Ensemble le sommelier, qui enseigne la manière de bien plier le linge en plusieurs figures. Et à faire toutes sortes de confitures, tant sèches que liquides ; comme aussi toutes sortes de dragées, et autres gentillesses fort utiles à tout le monde , *1659*.

– Nouveau et parfait maître d'hôtel royal (Le), enseignant la manière de couvrir les tables dans les ordinaires et les fêtes , *avec en appendice, un* Cuisinier à l'espagnole. *1662*.

– Recettes alchimiques (Les).

– Science du maître d'hôtel cuisinier (La), avec des observations sur la connaissance et les propriétés des aliments, *1749*.

– Traité de confiture (Le), ou le nouveau et parfait confiturier, qui enseigne la manière de bien faire toutes sortes de confitures tant sèches que liquides, au sucre, à demi sucré et sans sucre, au miel, au moût à l'eau, sel et vinaigre, etc., avec l'instruction et devoirs des chefs d'office, de fruiterie et de sommellerie, *1689*.

– Trésor de santé, ou Ménage de la vie humaine, *1607*.

ABBADIE (FRANÇOIS)
Lettres d'un cadet de Gascogne sous Louis XIV, François de Sarraméa. *Archives historiques de la Gascogne, fascicule 21, 1890*.

ALIGNY (QUARRÉ)
Mémoires.

ALQUIÉ (FRANÇOIS-SAVINIEN D')
Les Délices de la France, *1670*.

AUBIGNÉ (AGRIPPA D')
Les Aventures du baron de Fœneste, *1620*.

BARRA (M. P., MÉDECIN)
L'Usage de la glace, de la neige et du froid, *1676*.

BARTAS (SALLUSTE DU)
La Création du monde.

BERCE (YVES-MARIE)
La Vie quotidienne dans l'Aquitaine du XVIIe siècle, *1978*.

BLÉGNY (DE)
Le Bon usage du thé, du café et du chocolat, pour la préservation et pour la guérison des maladies, *1686*.

BOCCACE
Décaméron, *1352*.

BOILEAU (NICOLAS, DIT BOILEAU-DESPRÉAUX)
Satires, *1660-1667*.

BONNEFONS (NICOLAS DE)
– Le Jardinier français qui enseigne à cultiver les arbres, les herbes potagères ; avec la manière de conserver les fruits, et faire toutes sortes de confitures, conserves et massepains. Dédié aux dames, *1651*.
– Les Délices de la campagne, suite du Jardinier français, où est enseigné à préparer pour l'usage de la vie tout ce qui croît sur terre et dans les eaux. Dédié aux dames ménagères, *1653*.

BORDES (MAURICE)
D'Artagnan, l'histoire et le mythe, *1963*.

BOURREC (JEAN-ROGER)
La Gascogne gourmande, *1983*.

BUTEL (PAUL)
Histoire du thé, *1989*.

CASAMAYOR (PIERRE) ET COUSTEAUX (FERNAND)
Le Guide de l'amateur d'Armagnac, *1985*.

CHAPELLE (CLAUDE EMMANUEL LHUILLIER, DIT) ET BACHAUMONT (FRANÇOIS LE COIGNEUX, DIT DE)
Voyages, *1663*.

CHESNE (JOSEPH DU)
– Le Pourtraict de la santé, où est au vif représentée la règle universelle et particulière de bien sainement et longuement vivre, *1606*.
– La Science du maître d'hôtel.

CLÉBERT (JEAN-PAUL)
Le Livre de l'ail, *1987*.

COULON (LOUIS)
Les Rivières de France, ou description géographique et historique du cours et débordement des fleuves, rivières, fontaines, lacs et étangs qui arrosent les provinces du royaume de France, *1644*.

COURTILZ DE SANDRAS (GATIEN DE, SIEUR DU VERGER)
Mémoires de Monsieur d'Artagnan, capitaine-lieutenant de la première compagnie des mousquetaires du roi, *1700*.

COURTIN (ANTOINE DE)
Nouveau traité de la civilité qui se pratique en France parmi les honnêtes gens, *1695*.

COURTINE (ROBERT) ET VENCE (CÉLINE)
Les Grands maîtres de la cuisine française, du Moyen Âge à Dumas, les meilleures recettes de cinq siècles de tradition gastronomique recueillies et adaptées par Céline Vence et Robert Courtine, *1972*.

CUZACQ (RENÉ)
– Triptyque bayonnais, *1949*.
– La Lutte des vins piquepoults et eaux-de-vie d'Armagnac avec les vins de Chalosse et Tursan au XVIIIe siècle.

DARROBERS (JEAN-NOËL)
Le Mariage de Louis XIV, *1975*.

DELAVEAU (PIERRE)
Les Épices, histoire, description et usage des différents épices, aromates et condiments, *1987.*
DUCERE (E.)
Le Mariage de Louis XIV, d'après les contemporains et des documents inédits, *1903.*
DUFOUR (SYLVESTRE)
– De l'usage du café, thé et du chocolat, *1671.*
– Traités nouveaux et anciens du café, du thé et du chocolat, *1685.*
COULON (LOUIS)
Rivières de France.
ÉPERNON (JEAN LOUIS DE NOGARET DE LA VALLETTE, DUC D')
Mémoires.
FURETIÈRE (ANTOINE)
– Essai d'un dictionnaire universel, *1690 (posthume).*
– Le Roman bourgeois, *1666.*
GODEFROY (LÉON)
Voyage en Gascogne, Bigorre et Béarn, *1644 et 1646.*
JOHNSTON (HUGH)
Une histoire mondiale du vin, de l'antiquité à nos jours, *1990.*
JUMEAU-LAFOND (JACQUES)
Le Thé, *1988.*
LABORDE PÉBOUÉ DE DOAZIT (HENRI DE)
Relation véritable des choses les plus mémorables passées en la Basse-Guyenne depuis le siège de Fontarabie, qui fut en l'an 1638, et particulièrement des désordres et troubles arrivés aux sièges de Saint-Sever, Tartas, Ax ou Dax, depuis ledit jour, *in « Armorial des Landes », baron de Cauna, 1863.*
LAFFARGUE (GÉNÉRAL ANDRÉ)
Promenades en Gascogne :
– En visite chez d'Artagnan et autres mousquetaires gascons et béarnais, *1979.*
– En visite chez Monluc et ses compagnons gascons, *1980.*
LÉMERY (LOUIS)
Traité des aliments, où l'on trouve par ordre et séparément la différence et le choix qu'on doit faire de chacun d'eux en particulier, *1702.*
LOCATELLI (SÉBASTIEN)
Voyage en France.
LORET (JEAN)
La Muse historique, ou recueil des lettres en vers, contenant les nouvelles du temps, *1651.*
LUNE (PIERRE DE)
École parfaite des officiers de bouche ; contenant le vrai maître d'hôtel, le grand écuyer tranchant, le sommelier royal, le confiturier royal, le cuisiner royal et le pâtissier royal.
LUPPE (CHARLES DE)
Le Château natal de d'Artagnan, un inventaire au château de Castelmore en 1635, *1913.*
MAGNE (ÉMILE)
Plaisirs de la table sous Louis XIV, *Revue de Paris, 1939.*
MASSIALOT
Le Cuisinier royal et bourgeois qui apprend à ordonner toute sorte de repas en gras et en maigre, et la manière des ragoûts les plus délicats et les plus à la mode ; et toutes sortes de pâtisseries ; avec de nouveaux dessins de tables. Ouvrage très utile dans les familles, aux maîtres d'hôtel et officiers de cuisine, *1691.*
MONGREDIEN (GEORGES)
La Vie quotidienne sous Louis XIV, *1946.*
MONTESQUIOU (PIERRE DE, DUC DE FÉZENSAC)
Le Vrai d'Artagnan, *1963.*
MONTPENSIER (ANNE MARIE LOUISE D'ORLÉANS, DUCHESSE DE)
Mémoires.
MURET
Traité des festins, *1682.*
NAVARRE (REINE MARGUERITE DE)
L'Heptaméron. *1559 (inachevé).*
NOSTREDAME (MICHEL DE, DIT NOSTRADAMUS)
Excellent et moult utile opuscule à tous nécessaire qui désirent avoir connaissance de plusieurs exquises recettes, *1555.*
ORMESSON (OLIVIER III LEFÈVRE D')
Journal, *1682.*
PATIN (GUY)
Traité de la conservation de la santé par un bon régime et légitime usage des choses requises pour bien et sainement vivre, *1632.*
PONS (JACQUES)
Sommaire traité des melons contenant la nature et l'usage d'iceux, avec les commodités et incommodités qui en reviennent, *1583.*
PRADEL (A. DU)
Le Livre commode des adresses de Paris pour 1692, *éd. 1878.*
REVEL (JEAN-FRANÇOIS)
Un festin en paroles. Histoire littéraire de la sensibilité gastronomique, de l'Antiquité à nos jours, *1982.*
ROOT (WAVERLEY)
Herbes et épices, *1958.*
SACX
Pommiers et cidre jadis, *Bulletin du musée basque, 1975.*
SAINT-BLAISE
Journal du siège et prise de Maëstricht.
SAMARAN (CHARLES)
D'Artagnan, capitaine des mousquetaires du roi, *1912.*
SERRES (OLIVIER DE, SEIGNEUR DU PRADEL)
Le Théâtre d'agriculture et ménage des champs, *1600.*
SÉVIGNÉ (MARIE DE RABUTIN CHANTAL, MARQUISE DE)
Lettres, *1725.*
THOMAS (ARTHUR, SIEUR D'ENDRY)
Île des hermaphrodites.
VARENNE (FRANÇOIS-PIERRE DE LA)
– Le Cuisinier français, enseignant la manière de bien apprêter et assaisonner toutes sortes de viandes grasses et maigres, légumes, pâtisseries, et autres mets qui se ser-

vent tant sur les tables des Grands que des particuliers, *1651*.

– Le Cuisinier français, revu et corrigé et augmenté d'un Traité de confitures sèches et liquides, et autres délicatesses de bouche, *1653*.

– L'École des ragoûts, ou le chef-d'œuvre du pâtissier et du confiturier ; où est enseignée la manière d'apprêter toutes sortes de viandes, de faire toutes sortes de pâtisserie et de confitures, *1668*.

– L'Art de bien traiter, ouvrage nouveau, curieux et fort galant, dans lequel sont résumés tous les progrès accomplis depuis quinze ans dans l'art culinaire, *1674*.

Wheaton (Barbara Ketcham)

Savouring the Past, the French Kitchen and Table from 1300 to 1789, *trad. française :* L'Office et la bouche, *1972*.

Zinzerling (Jude)

Itinerarium Galliæ... (voyage effectué en 1612), *1859*.

4. INDEX DES RECETTES

CRÉDITS PHOTOGRAPHIQUES

Page 87 en haut :

St Jean de Luz
Quai de l'Infante. Photo de Le Naviose,
Campagne Campagne.

Page 87 en bas :
St Jean de Luz
Rue de la Rébublique. Photo de Le Naviose,
Campagne, Campagne.

Page 101 : Château de Vaux Le Vicomte
Photographie Le Naviose,
Campagne Campagne

Page 102 en haut :
Château de Vaux Le Vicomte
Photographie Kathor
Campagne Campagne

Page 102 en bas
Château de Vaux Le Vicomte
Photographie Goux
Campagne Campagne

Pages 186, 187 :
Paysage à la rivière. Étienne Allegrain (1644-1736).
Musée du Louvre, Paris.
Giraudon

Page 191 :
Paysage composé. Le voyageur.
Pierre Patel (1605-1676).
Musée du Louvre, Paris.
Giraudon

Pages de garde :
Cerises, raisins, figues et autres fruits.
Cornelis de Heem
(1631-1695)

Remerciements

Boutiques

Au bon usage
Antiquités Bachelier au marché aux
Puces de Saint-Ouen
Bernard Carant
Christian Dior
Éric Dubois
Le Loft
Les noces de Cana
L'Orjol
Faïencerie Pichon
Puceron chineur

Linge ancien

Fuchsia
La Garrigue à Batz-sur-mer

Le décor de l'île enchantée est de
Jean-Charles Guénot

Fonds peints de Célia Eynard

Sols en mosaïque de Libor David

Nous remercions particulièrement

Jeanine et Pierre-Laurent D. de nous avoir accueillis avec tant de gentillesse, et ouvert toute leur propriété, au château de B.

Françoise et Jean-Michel Smilenko de Nobele, pour avoir mis à notre disposition leur maison et leur collection d'objets du XVIIe siècle.

Anne Okan

Angelo Mussio et Guerrino Cavalieri.

EN GUISE DE REMERCIEMENTS À D'ARTAGNAN

par Jean Laforgue

Sans coût insultant mais avec un haut goût constant, voici la cuisine de notre mousquetaire dont le nom claque et rebondit comme le gave d'Oloron au printemps.

D'Artagnan, Diou biban ! À prononcer avec l'accent. Un nom comme celui-là résonne dans les chambrées, les vestiaires, c'est un nom de code pour les palombières, les postes de guêt, pour être embusqué dans un col, déjouer un complot, aplatir les Anglais, estoquer les Hollandais, finasser avec les Italiens, partir côté fermé. C'est un nom pour l'encierro et le fino. C'est mon Noël, Dumas n'y avait pas pensé, j'y travaille depuis cinq ans. Merci à tous pour votre patience : Hélène, Corinne, Danielle, Margherita, Graziella, Jean-Pierre, Jean-François, best regards to Régis, bises à Laurie. C'est mon plus beau Noël Gascon ! Allez, profitez-en ! De mon d'Artagnan de tous les temps, de mon d'Artagnan rémanent.

Diou biban, Charles, tu me manques ! Reviens ! Tu ne te gasterais point le goût à m'accompagner à *La Régalade*... Viens, je t'invite chez Camdeborde, il s'y entend, le bougre, à trancher, trousser, flamber, dresser... Ce béarnais capital vient de conquérir Paris !

ISBN 2-87938-068-5

Dépôt légal 4ème trimestre 1997

Photogravure Sele Offset Torino S.R.L.
Paris

suivi de fabrication : Margherita Mariano

Achevé d'imprimer
en novembre 1997 sur les presses de
Artegrafica, Verone